이 책을 나의 사랑하는 아내, 경희에게 바칩니다

흙수저 출신 유학생에서 종신교수까지

당신도 미국 주립대 교수가 될 수 있다

· 안상남 지음 ·

추천사

차분한 이야기로 들려주는 유학 성공담

...

　글로벌한 세상이 되었지만, 세계인들 중에는 아직도 '아메리칸 드림'을 품고 사는 이가 적지 않다. 하지만 어떤 이유에서건 그 꿈은 대개 이루어지지 않는다. 이 책은 한국에서 '흙수저' 이자 '불우이웃'으로 성장해 겨우 밥벌이를 하며 살 수 있게 된 한 청년이 유학 생활을 거쳐 미국의 한 주립대학의 종신교수가 된 이야기를 담고 있다. 그동안 접해온 '아메리칸 드림의 성공담'들이 '극적 인생'에 주안점을 두었다면 이 책은 자신이 겪은 일을 차분한 어조로 세세하게 들려주는 '친근한 이야기'로 다가온다. 영어는 안 늘고 생활은 고된 것이 한국인의 미국살이다. 여전한 편견이나 차별과도 싸워야 하고 모국에 대한 어쩔 수 없는 그리움도 견뎌야 한다. 안 교수는 그걸 해내서 영어에 능통해지고 전공 분야에서 정점에 이르러 미국 학생들의 친구이자 존경받는 스승이 되었다. 그러고도 놀랍게도 한국어 문장 수업을 다시 하고 이 책을 써서 조국의 젊은이들 앞에 섰다!

소설가, 단국대 교수 • 박덕규

추천사

꿈을 이룬 가슴 뭉클한 이야기

...

꿈이 있으면 어떤 악조건에서도 그 꿈을 이룰 수 있습니다.

일찍 부친을 여의고 편모슬하에서 자라나, 그 누구보다 어려운 환경을 꿋꿋하게 극복해내고 자신의 꿈을 이룬 아름답고도 가슴 뭉클한 이야기가 여기 있습니다.

오로지 자신의 노력, 또 노력으로 당당히 미국의 주립대 교수가 된 저자의 이야기를 읽으면, 우리의 젊은이 누구라도 "나는 안돼"라고 생각할 자격이 없습니다.

우리는 모두 꿈을 품고 그 꿈을 이룰 수 있는, 우주보다 더 소중한, 우주와도 바꿀 수 없는 "존귀한 나 자신自尊"이기 때문입니다.

시인, 문학평론가 • **이혜선**

추천사

고민과 좌절 그리고
희망을 함께 나누다

...

 안상남 교수를 처음 만난 것은 2011년 3월 텍사스 A&M대학 보건대학원 교정이었습니다. 저는 방문연구원으로 안상남 교수는 박사학위를 취득하고 박사후과정인 포닥Post-doc 생활을 하고 있었습니다. 안상남 교수의 외모나 첫 인상은 저를 포함한 어느 누가 보기에도 부잣집 도련님이었습니다. 하지만 아주 어린 나이에 홀어머니 밑에서 넉넉지 않은 가정환경에서 흙수저로 출발했지만 희망을 잃지 않고 늘 새로운 도전을 하여 지금 미국 주립대 종신교수까지 된 파란만장한 인생역전의 주인공이었습니다. 이 책은 그가 걸어온 길을 통해 미국 유학과 교수를 꿈꾸는 한국의 청소년, 대학생 및 대학원생들에게 훌륭한 길잡이가 될 거라 생각합니다. 이 책을 통해 그가 걸어오면서 경험했던 고민과 좌절, 그리고 희망을 함께 나누면서 제2의 안상남 교수가 나타나면 좋겠습니다.

경북대 의과대학 및 보건대학원 교수 • **김건엽**

추천사

대학 교수라는 업의
본질을 잘 아는 사람

...

교수는 연구와 강의를 해서 밥벌이하는 자입니다. 연구는 어두컴 컴한 막장에서 석탄을 캐는 것이고, 강의는 그 석탄 덩어리가 쓸모가 있다는 것을 학생들에게 설득하는 것입니다. 제가 동료 학자로서 만나본 저자는 대학교수라는 '업'의 본질을 누구보다 잘 아는 사람입니다. 저자는 본인의 경험을 통해 터득한 그 내용을 이 책에 실제적이고도 이해하기 쉽게 녹여냈습니다. 박사 과정 유학을 희망하고 대학교수를 지망하는 누구에게나 이 책을 추천합니다.

싱가포르경영대학교Singapore Management University 경제학과 조교수 • **김성훈**

추천사

자신을 성장시키고자
스스로 노력하는 사람을 위한 필독서

...

'교수님'이란 소리를 들으면 아직도 존경스러운 마음이 가득하다. 친구들 중에서 하나둘 '교수님' 소리를 들으며 활동하는 걸 보면 자랑스럽기도 하지만 한편으론 부러운 마음이 상당함도 사실이다. 이 책은 내가 부러워하고 존경스러워하는 '교수님이 되는 방법'을 가르쳐준다. 그것도 '미국 주립대학 교수님'이 되는 방법을.

내가 대학생일 때, 아니 갓 입사한 사회초년생일 때 이 책을 읽었더라면 어떻게 되었을까. 내 인생은 지금과는 다른 방향으로 바뀌지 않았을까. 지금쯤이면 내가 원하는 학문을 연구하면서 새로운 것을 알아내는 희열에 벅차하고 그 학문에 함께 하고자 하는 학생들과 이야기를 나누며 토론하는 일상에 기뻐하는 삶을 살고 있지 않을까.

내가 이 책을 직장생활 10년 차 전후해서 읽었더라면 어떻게 되었을까. 좀 더 영어공부에 힘쓰지 않았을까. 일취월장해진 영어 실력을 통해 나의 일과 관련된 외국의 저널을 읽으며 조직에서 앞서나가는 사람으로 성장할 수 있지 않았을까. 그뿐이랴. 이 책에서 소개한 발표의 기법을 참고하여 많은 사람 앞에서 발표할 기회가 있을 때 그것에 두려움 없이 달려들고 또 멋진 매너로 청중을 사로잡을 수 있지 않았을까.

이제 나는 아이들을 둔 아버지며 회사에서도 고참에 속하는 위치에 있다. 나의 아이들과 나의 후배들에게 이 책을 읽히게 할 것이다. 나의 아이들이 이 책을 읽으며 더 넓은 세상을 꿈꾸길 희망한다. 나의 후배들이 이 책을 읽으며 한걸음 더 조직에서 앞서나가길 기원한다. 이 책은 그들에게 좋은 방향으로의 나침반 역할을 할 것이기 때문이다.

세상엔 좋은 책이 많지만 나는 특히 이런 책을 좋아한다.
진실한 책, 그리고 나를 성장시키는 책.

퍼스널 브랜드 및 커뮤니케이션 강연가 • **김범준**
《픽미, 나를 선택하게 하는 비밀 습관》《모든 관계는 말투에서 시작된다》 등 저자

책을 펴내며

나의 흙수저에 도전을 담아

...

이 땅의 많은 젊은이가 앓고 있다. 울고 있다. 열심히 일할 자신도 있고 일할 능력도 있는데 2018년 오늘, 한국 사회가 이들에게 내놓는 기회의 양과 질은 절대적으로 부족하다. 부모님과 학교가 하라는 대로 열심히 공부하고 스펙을 쌓았는데 돌아온 것은 절망이고 실업이다. 누구도 뾰족한 대책이 없다. 무대책의 끝에는 이들에 대한 '방치'라는 말이 놓여있다.

하지만 우리 젊은이들도 비난에서 완전히 자유로울 수는 없다. 자신의 인생을 충분히 살아내었는지. 매사를 주체적으로 결정하면서 내가 하고 싶은 일을 해왔는지, 적은 기회라고 홀대忽待하지는 않았는지. 끝없는 낙방 때문에 현재에 안주하는 것이 당연해진 것은 아닌지. 언제까지 다른 사람 탓만 하면서 살 것인지 스스로 아프게 물어봐야 한다.

내 경험이 오늘날 아파하는 우리 한국의 젊은이들에게 작은 위로가 되고 싶다는 생각에서 이 책을 쓰기 시작했다. 내가 걸어온 길을 통해 대학원 공부와 미국 유학에 뜻이 있는 젊은이들에게 작은 가이드를 제시해주고 싶었다. 이 책을 통해서 흙수저 출신도 꿈꾸고, 철저히 준비하며, 꾸준하게 행동에 옮긴다면 미국 대학교에서 교수가 될 수 있다는 것을 보여주고 싶었다. 삶의 좌표를 잃고 방황하는 초·중·고학생을 둔 부모님들에게 희망을 주고 싶었다.

세상에 있는 수많은 성공담과는 달리 이 책은 실패담을 얘기하고 있다. 하지만 실패를 통해 우리가 무언가를 배웠다면 모든 실패가 나쁜 것은 아니다. 내 실패가 다른 이들의 성공에 밑거름이 되기를 바라면서 이 책을 썼다. 수많은 실패에도 끈기와 믿음만 있다면 원하는 곳에 도달할 수 있다는 평범한 진리를 말하고 싶었다.

이대로만 하면 성공한다는 또 다른 희망 고문을 하고 싶지는 않다. 유학만 가면 모두 다 성공한다고 말하고 싶지도 않다. 그렇지 않기 때문이다. 그런데도 이 책을 통해서 저곳에 가면 이런 기회가 있다는 것쯤은 말하고 싶었다.

한국에서 교수의 꿈을 품고 대학원에 진학해도 여러 가지 제약으로 꿈을 이루지 못하는 수많은 젊은이가 있다. 적어도 미국 대학원에서는 다시 시작할 기회를 엿볼 수 있다. 방향을 옳게 잡고 한 우물을 판다면 미국에서 교수가 될 기회가 한국보다는 훨씬 많다.

한국과 달리 미국에서는 특정 학교에서 학부를 다녔는지가 크게 중요하지 않다. 미국에서는 실력과 노력으로 진검 승부를 겨룰 수 있다. 미국 대학에는 한국처럼 65세까지만 일을 할 수 있는 정년이 있는 것도 아니다. 학령인구 감소와 함께 대학교와 교수의 수요가 감소하고 있는 한국과는 달리 미국 대학은 상황이 훨씬 좋다. 미국은 여전히 전 세계의 젊은이들이 공부하기 위해 모여드는 곳이기 때문이다.

그렇다고 해도 책의 내용을 모든 분야로 일반화시키는 데는 무리가 있다. 내가 몸담은 사회과학 분야는 분명히 이공계와는 다르다. 예체능계와는 더욱더 다르다. 같은 사회과학 분야에서도 학교의 수준과 전공에 따라서 교수가 되고 종신교수가 되는 방법과 강도가 같을 수는 없다.

그런데도 한 분야에서 유학 준비를 하고, 유학 생활을 하고, 교수가 되기 위해 도전하고, 종신교수가 되는 과정을 보여주는 것은 나와 비슷한 길을 걸어가고 싶어 하는 젊은이들에게 충분히 의미가 있는 일이라고 생각한다. 이제부터 이 책을 통해 그 이야기를 하려고 한다.

이 책을 덮을 때쯤 독자가 조금이나마 삶에 희망을 발견한다면 이 책을 쓴 보람을 느끼며, 나는 더할 나위 없이 행복할 것이다.

여러분의 건승을 바라며, 수원 광교에서 **안상남**

| 목차 |

추천사
　박덕규 • 차분한 이야기로 들려주는 유학 성공담　　　　　4
　이혜선 • 꿈을 이룬 가슴 뭉클한 이야기　　　　　　　　5
　김건엽 • 고민과 좌절 그리고 희망을 함께 나누며　　　　6
　김성훈 • 대학 교수라는 업의 본질을 잘 아는 사람　　　　7
　김범준 • 자신을 성장시키고자 스스로 노력하는 사람을 위한 필독서　8
책을 펴내며 • 나의 흙수저에 도전을 담아　　　　　　　　10

제1장 유학을 준비하다

흙수저로 시작하다　　　　　　　　　　　　　　　　　21
대학입시에 실패하다　　　　　　　　　　　　　　　　24
유학을 위한 대학생활　　　　　　　　　　　　　　　　28
군 생활도 유학과 교수임용에 도움이 될 수 있다　　　　32
직장 생활 중 유학 준비　　　　　　　　　　　　　　　37
미국 대학원에 지원하다　　　　　　　　　　　　　　　42
외교학과에 지원하고 행정학과에 입학하다　　　　　　47
끝이 아니다. 비자 수속이 남아있다　　　　　　　　　51

대학원 유학을 떠나다

텍사스A&M대학교 부시스쿨에 입학하다	57
첫 학기가 유학생활의 성패를 좌우한다	62
문화를 이해하지 못해 그룹에서 왕따가 되다	65
미국 대학원 수업듣기 요령	67
유학자금, 돈이 문제다	71
공부를 중단할 위기에 몰리다	74
통계처리 능력은 필수!	78
통계처리에서 뼈아픈 실수를 하다	82
적은 기회라도 소중히 여기다	85
도전하고 또 도전하다	89
모든 자투리 시간 활용하기	95
가정이 화목해야 유학에 성공한다	98
한국 영어공부의 문제점	101
효율적인 영어 읽기공부	104
효율적인 영어 듣기공부	109
효율적인 영어 말하기공부	112
영어 글쓰기는 영어 활용의 꽃	117
논문은 연역적 글쓰기로 쓰자	121
발표능력이 경쟁력	125
모든 기말페이퍼는 잠재적 논문	129
논문의 저자권 authorship과 표절	133
학생비자 연장을 위해 멕시코 국경을 넘다	136
박사후과정은 교수 임용을 위한 좋은 징검다리	140

제3장 주립대 교수직에 도전하다

마음을 지키기	147
한국 학생들이 어려워하는 영어 강의	150
강의와 멘토링 기회를 적극적으로 활용하기	153
이제 당신은 취업시장 job market에 나왔다	157
교수채용위원장과의 의사소통	160
CV에 들어갈 내용	163
자기소개서에서 밝힐 내용	169
연구계획서에서 밝힐 내용	172
수업계획서에 들어갈 내용	175
전화 또는 화상면접	177
현장면접에 초대되다	181
현장면접에서 주의할 점	183
현장면접 : 잡톡 job talk이 전부다!	186
현장면접 : 잡톡에서의 중요한 팁	189
현장면접 : 끝없는 면접	193
현장면접 : 출구면접 exit interview	198

제4장 테뉴어 교수가 되다

잡오퍼 job offer를 받다	205
카운터 오퍼를 날리다	208
두 번째 학교방문 second campus visit	213

테뉴어 시계는 이미 흐르기 시작했다	217
최종 테뉴어 심사	219
미국 교수 사회 – 개인적 혹은 폐쇄적?	223
대인관계의 팁	226
부진한 교수 평가에서 학과 최고 교수상을 받기까지	228
강의실에서 I : 예습, 복습, 기사 토론	231
강의실에서 II : 수업의 전달력과 긴장감 유지하기	237
강의실에서 III : 기말페이퍼와 기말고사	242
수업의 질을 향상시키는 팁	248
석사 과정 멘토링	251
박사 과정 멘토링	253
테뉴어는 결국 연구로 승부가 난다	257
연구비 제안서는 '증거'를 제시하는 일	260
지역 사회의 크고 작은 연구비를 노리자	264
테뉴어는 새로운 시작이다	267
테뉴어를 받았다면 가장 먼저 안식년을 신청하자	270
안식년 활용 : 마음관리	272
안식년 활용 : 건강 관리	274
안식년 활용 : 관계관리	278
학생들의 강의평가	282
책을 마치며_ 나무는 저 혼자 자라지 않는다	285

제1장

유학을 준비하다

언젠가 어머니가 미국 멤피스대학교University of Memphis
교수로 임용된 나에게 말씀하셨다.
"상남아, 너는 진흙 바닥에서 핀 연꽃이다."

흙수저로 시작하다

...

실수를 통해야만 혼자서 살아남는 법을 배울 수 있었다.

나는 흙수저 출신이다. 아버지가 갑자기 돌아가셨을 때 엄마는 스물셋, 누나는 세 살, 그리고 나는 한 살이었다. 생계가 막막했던 엄마는 돈을 벌기 위해 우리 남매를 남겨두고 서울로 떠나셨다. 그 후 누나와 나는 친가와 외가로 뿔뿔이 흩어져 살았다. 내가 초등학교 3학년 때에야 비로소 가족이 한집에 모여 살기 시작했지만 가정 형편은 나아지지 않았다.

지하실 단칸방에 세를 들어 살면서 연말에는 동네 교회에서 불우이웃에게 나눠주는 쌀을 받았고, 생활보호대상자(지금의 국민기초생활보장 수급자)에게 구청에서 지급하는 라면을 먹으며 생활했다. 누나와 같이 구청까지 가서 라면을 받아올 때면 세상 사람들 모두가 우리를 쳐다는 보는 것 같아 얼굴이 화끈거렸다. 중학생이 되었을 때 나의 생활보호대상자 '신분'이 학교에 탄로 났다. 담임선생님은 청소 당번을 통해 월사금 용지를 나눠주게 했는데, 내 월사금 용지에만 생활보호대상자 '낙인'이 빨갛게 찍혀 있어서 같은 반 친구들에게 구경거리가 되고 말았다. 명랑했던 어린 시절이 마감되는 순간이었다.

지하실 단칸방은 환경이 좋지 않았는데, 그래서였는지 나는 자주 아팠다. 몸이 아프지 않을 때는 숙제도 잘해가고 수업도 열심히 듣는 성실한 학생이지만 몸이 아픈 날은 여지없이 무너졌다. 제대로 된 병원 치료도 못 받고 학교에 결석하는 일도 잦았다.

경제적인 어려움과 잦은 병치레보다 더 힘들었던 것은 아버지의 부재不在였다. 아버지 역할을 대신해 줄 사람이 없었고, 롤모델이 되어 인생의 실수를 줄여줄 수 있는 조언자도 내게는 없었다. 이웃에서도 친척 중에서도 찾을 수가 없었다. 그래서 나는 항상 '맨땅에 헤딩'을 하는 느낌이었다. 실수를 통해야만 혼자서 살아남는 법을 배울 수 있었다.

과외를 받거나 학원에 다니는 '호사'를 누릴 수도 없었다. 어려운 형편에 어머님이 가끔 학원을 보내주셨지만 오래가지는 못했다. 독서실에 가는 것이 좁고 냄새나는 집을 벗어날 수 있는 유일한 탈출

구였다. 초등학교 6학년 때부터 고등학교 3학년 때까지 거의 매일 독서실을 다녔다. 학교 숙제를 하고 문제집도 풀면서 뭔가를 열심히 해보려고 했다. 내가 처한 현실을 벗어나는 길은 오로지 공부밖에 없다고 막연하게 생각했던 것 같았다. 하지만, 딱히 공부하는 법을 알지 못했고 비염으로 머리는 항상 무거워서 공부에 집중하기는커녕 자리만 지키고 있을 때가 많았다. 그래도 그때가 미국 대학원 석사 및 박사과정처럼 끈기가 필요한 일에 '엉덩이의 힘'을 길러준 소중한 시간이기도 했었다.

대학입시에 실패하다

...

주어진 명제를 그대로 받아들이는 대신에
끊임없이 의심을 품고 질문을 해야 했던 것이다.

고등학교에 진학하면서 나는 인생의 전환을 맞게 되었다. 조금씩 긍정적인 자아가 형성되기 시작했다. 행복해 보이는 학교 방송반 선배들을 보면서 방송반이 되면 나도 행복할 수 있겠다는 생각을 했다. 제일 친한 친구인 영훈이를 꼬셔서 방송반에 들어갔다. 동기 중에서 유일한 남자 아나운서로 전교생 앞에서 가요제와 교내 마라톤 대회의 사회를 보기도 했다. 교내 마라톤 대회 사회를 본 날, 마라톤에서 준우승을 차지하면서 난생처음 사람들의 주목이란 것도 받았다. 그날 밤은 흥분에 들떠서 쉽게 잠을 이룰 수 없었다.

성적이 조금씩 오르기 시작한 것은 고등학교 1학년 후반기 때부터였다. 공부에 집중하기 위해 방송반도 그만두었다. 쉽지 않은 결정이었지만 나중에 대학의 신문방송학과에 진학해서 아나운서가 되고 싶은 꿈이 생겼기 때문이었다. 그 꿈은 그리 오래가지 못했지만 말이다.

독서실에서 알게 된 친구의 도움으로 단전호흡과 코 세척을 하면서 자연히 호흡이 좋아지고 집중력도 향상되기 시작했다. 고등학교 2학년을 반에서 7등으로(당시 한 반에 50명 정도) 올라갔고 선거에서 당당히 반장이 되었다. 고등학교 3학년이 돼서도 무슨 생각인지 계속 반장을 했었다. 방송반 활동에서 생긴 긍정의 에너지가 '리더가 되고 싶다'는 욕심으로 이어졌던 것 같다. 집안 형편이 어려운 반장은 여러 사람에게 '민폐'였지만, 어린 나는 이런 것에 아랑곳하지 않았고 오히려 성적은 꾸준히 상위권을 유지했다.

학교 수업을 성실히 들으면서 내신 성적은 어느 정도 나와 주었다. 하지만 입시가 학력고사에서 수능(수학능력시험)으로 바뀐 게 문제였다. 학교 공부와 교과서 위주로 공부한 나에게 창의적인 사고를 요구하는 수능은 너무 어려웠다. 수능 예상 문제를 풀어보기 이전에 수능을 어떻게 준비해야 하는지를 먼저 파악했어야 했다. 무엇보다 공부의 '체력'을 기르기 위해서 문제 푸는 방식을 익히는 것을 넘어서 공부하는 내용을 본질적으로 이해해야 했었다. 주어진 명제를 그대로 받아들이는 대신에 끊임없이 의심을 품고 질문을 해야 했던 것이다.

근본적인 '앎'에 대한 진지한 고민이 없었기 때문에 나는 새로 바뀐 입시제도에 적응할 수가 없었다. 그리고 역시 문제는 수학이었다. 딱히 배울 곳이 없었고 답을 봐야만 문제가 이해가 되는 상황이 연속되었다. 수능을 치렀고 점수는 딱 공부한 만큼만 나왔다. 서울 소재 3개 대학에 응시했는데, 모두 낙방. 한 곳에서는 대기 3순위가 되었는데, 끝내 연락은 오지 않았다. 낙담했다. 이제 어떻게 해야 하나. 집에서 재수를 시켜줄 형편도 아닌데.

마침 그때 차승장학회의 안상득 사장님이 큰 도움을 주셨다. 안 사장님은 작은 사업을 하시면서 중학교 때부터 나에게 얼마간의 학비를 지원해주고 계셨었다. 내 소식을 들으시고 재수를 지원해주시기로 하셨다. 안 사장님의 도움은 대학교 그리고 유학 시절까지 이어졌다. 이분이 없었다면 아마 지금의 나도 없었을 것이다.

성동구 자양동과 용산구 정일학원을 오가며 재수를 시작했다. 고달팠던 재수 생활은 오히려 내 삶의 자양분이 되었다. 학생도 사회인도 아닌 신분 때문에 정체성의 혼란을 겪게 되면서 인생에 대해 깊이 고민했었다. 왜 사는지, 무엇을 위해 사는지, 무엇을 하고 싶은지, 고민에 고민을 거듭했었다. 그리고 한 번 사는 인생인데 '환경 탓, 남 탓하지 말고 제대로 살자'는 '독기'를 품게 되었다. 이 독기는 나의 대학 생활, 군대 생활, 회사 생활, 그리고 유학 생활을 지탱해준 고마운 긍정의 힘이 되어주었다. 독기는 품었지만, 수학은 제자리걸음이었고 여전히 문리文理는 트이지 않았다. 1년여의 공부에도 수능 점수는 크게 오르지 않았다.

다행히 세종대학교 영문과에 합격하면서 인생의 새로운 페이지를 열게 되었다. 돌아보면 어렵고 힘든 유년 시절이었지만 헌신적인 어머니와 누나, 올바른 친구들, 그리고 수많은 선생님의 도움으로 나는 이 시기를 무사히 지날 수 있었다. 언젠가 어머니가 미국 멤피스 대학교University of Memphis 교수로 임용된 나에게 말씀하셨다.

"상남아, 너는 진흙 바닥에서 핀 연꽃이다."

유학을 위한 대학 생활

...

불끈 쥐고 살았던 주먹을 펴게 되었고
다른 사람들의 시선에서 비로소 자유로워지기 시작했다.

1995년 3월 드디어 대학에 입학했다. 몇몇 동기들이 학교 레벨에 불만을 품고 재수와 삼수를 얘기했지만 나는 학교의 모든 게 좋았고, 감사했다. 아마도 힘든 재수 생활을 거치고 난 후 '범사에 감사' 하는 마음을 품게 된 것 같다. 열심히 가르치시는 교수님들이 존경스러웠고 연꽃을 드리운 아사달 연못도 아름다웠다. 식당 밥은 어찌나 맛이 좋던지. 동기 여학생들처럼 두꺼운 영문학 전공 책을 자랑스럽게 가슴에 품고 다녔다.

술자리는 대부분 빠지지 않고 참석했고 가끔 시위에도 가담했다. 그래도 학과 공부에는 최선을 다했다. 어려운 영어 단어가 많았지만, 영문학을 공부할 수 있는 게 좋았고 '나중에 나도 작가가 되고 싶다'는 막연한 생각을 했다. 마흔이 넘어서 시와 수필을 끄적이고 있는 게 아마도 그때의 영향인 것 같다. 영문학도 좋았지만 도구로서의 영어에도 관심을 가졌다. 영어를 통해 다른 학문을 공부할 수 있다는 생각이 들었기 때문이다. 영어를 잘해서 미국에서 공부하고 싶다는 생각을 어렴풋이 했지만, 집안 형편 때문에 그것은 당시에는 그저 꿈에 불과했다.

대학교 1학년 때 열심히 한 결과는 바로 성적으로 나타났다. 동기 중에서 1학년 1학기를 2등으로 마치고 반액半額 장학금을 받게 된 것이다. 한 학기 등록금이 2백만 원이던 시절에 반액 장학금은 어려운 형편에 큰 도움이 되었다. 공부에 탄력을 받은 것은 1학년 2학기 때 학교의 고시실 지원 프로그램 중 하나인 해외유학준비반(GRE실)에 들어가면서부터였다. 이후 이곳에서 거의 숙식을 하다시피 지내면서 공부다운 공부를 하게 됐다.

GRE실의 공부 강도와 생활 규율은 무척 센 편이었다. 선배들은 후배 실원들의 출석을 매일 체크했고, 매주 토요일 아침 10시에 시작되는 타임Time 지紙 에세이 강독 시간을 통해 면학하는 분위기를 만들어 주었다. 이 시간 동안 실원들이 에세이를 한 문단씩 읽고 해석하는 방식이었는데 준비를 제대로 해 오지 않으면 선배들의 날카로운 지적과 질책을 피하기 어려웠다. 그래서 대부분의 실원들은 금요일에 밤을 새워가면서 에세이 해석에 매진했다. 타임지를 4년간 꾸준히 정독한 경험은 나중에 어려운 원서와 영어 신문을 읽는 데 큰 도움이 되었다.

대학 생활 중 물론 방황도 했다. 저보다 훨씬 나이가 많은 동기 형들과 어울리면서 인생과 문학을 논하고 술을 마시면서 공부는 뒷전이 되었다. 학점은 2점대로 추락했고 C 학점도 흔하게 받았다. 학점은 많이 까먹었지만 어른이 되는 인생 공부를 많이 한 시간이었다. 사고가 경직된 나를 발견했고 책 이외에서도 배울 것이 많다는 것을 알게 되었다. 불끈 쥐고 살았던 주먹을 펴게 되었고 다른 사람들의 시선에서 비로소 자유로워지기 시작했다.

일 년 반을 그렇게 보낸 후에 다시 정신을 차렸다. 군대 영장이 나오기 시작했기 때문이다. 3학년 때부터는 영문학 과목은 필수 과목만 듣고 사회생활과 취업에 필요한 교양 과목을 집중해서 듣기 시작했다. 불어와 일어 등 제2외국어와 국제법, 경제학, 경영학, 법학, 사회학, 미학 등을 수강하면서 차근차근히 대학 졸업 이후를 준비했다. 좋은 학점을 받을 수 있는 과목들은 아니었지만 '인생을 사는데, 회사에 취업하는 데 필요하다'는 예비역 선배들의 조언을 귀담아들으며 열심히 공부했다. 돌아보면 미국 대학에서 석사와 박사 과정 수업을 듣는데 기본 체력을 길러준 소중한 수업들이었다. 이 수업들은 무엇보다도 내가 전공을 영문학에서 행정학, 그리고 보건정책학으로 바꾸는 데 큰 도움이 되었다.

4학년에 접어들자 꿈은 아나운서에서 외교관으로 바뀌어 있었다. 다양한 경제사회 과목을 수강하면서 국제기구에서 일하고 싶다는 새로운 꿈이 생겼기 때문이다. 그렇다고 딱히 외교관이 되겠다고 목

숨을 걸지는 않았다. 절박함이 없었기 때문에 꿈을 이루지 못했다고 생각한다. 어릴 적부터 '반드시 살아남아야 한다'는 생각 때문이었는지 내 꿈은 언제든 생존을 위해 타협할 수 있는 대상이 되었던 것 같다.

대학교 4학년 때부터 외무고시를 준비하기 시작했다. 아침과 낮에는 학교에서 수업을 듣고, 저녁에는 마장동에 있는 보습학원에서 중학생들에게 영어를 가르쳤다. 새벽과 주말에는 집 앞에 있는 독서실에 틀어박혀서 고시 준비에 매진했다. 하지만, 몸이 견뎌주질 못했고 몇 번이나 병원 신세를 져야 했다. 그래도 봐야 할 책들이 상당히 비쌌기 때문에 책을 사기 위해서라도 계속 일을 해야 했다. 짧은 준비 기간이었지만 해당 과목들의 필독서들을 일독하고 시험을 봤다. 역시 1차 시험 불합격. 당연한 결과였다. 그다음 해 군대에 입대한 후에도 휴가를 내고 시험을 봤지만 역시 1차 시험 불합격. 역시나 준비 부족이었다. 연거푸 외무고시 1차에서 불합격을 했지만 어려운 외교학과 법학책들을 정독하면서 행정학과 보건정책학을 위한 문리가 트였다.

군 생활도 유학과 교수임용에 도움이 될 수 있다

...

군 생활을 통해서 작은 것에 최선을 다한다면 더 많은
기회가 주어진다는 사실을 깨달았다.

대학교 졸업을 앞둔 1998년 12월 3일 논산 훈련소에 입소했다. 일반 병이 아닌 카투사 병으로 말이다. 대학교 1학년부터 시작된 카투사 도전은 4학년 마지막 도전에서 합격의 결실을 보게 됐다. 나처럼 군대를 4수 만에 간 사람이 있을지 의문이다.

원래 카투사 병으로 입대하기 위해서는 영어와 국사 등 시험을 치러야 했다. 이후 토익으로 입시 요강이 달라지면서 좋은 토익 점수가 필요했다. 당시에는 카투사고시, '카시'로 불릴 만큼 카투사로 입대하기가 어려웠다. 적어도 800점대 중후반 점수를 맞아야 안정권이었지만, 나는 시간과 노력을 들인 것에 비해서 점수가 잘 나오질 않았다. 연거푸 3년 '카시'에 낙방을 하고 4년의 노력 끝에 800

점대 후반 점수를 받아들었다.

그런데 대학 4학년이 되자 카투사 전형이 바뀌어 버렸다. 토익점수 고득점자 우선 선발에서 무작위(뺑뺑이) 선발로 바뀌게 된 것이다. 난 카투사와 인연이 없다. 안 되겠구나 절망하면서 혹시나 하고 원서를 냈다. 하지만, 하늘도 감동했는지 결과는 합격. 내 짧은 24년 인생에서 그렇게 기쁜 날은 없었다.

내가 왜 토익 시험에 실패했을까? 내 나름의 영어 공부 방법을 제2장(대학원 유학을 떠나다)에서 소개하겠지만, 그렇게 많은 시간을 들이고도 실패한 원인이 분명히 있었다. 그것은 시험을 위한 영어공부를 했기 때문이다. 시험 준비가 아니라 '영어의 기본 체력'을 기르는 공부를 해야 했다. 개인적으로 '영어의 기본 체력은 언어의 네 가지 분야인 읽기, 듣기, 말하기, 쓰기를 불편함이 없이 하는 것'이라고 생각한다. 영어 시험이 아무리 다른 형식으로 출제가 되어도 체력만 있다면 문제를 푸는 데 어려움이 없을 것이다.

이와 비슷하게 나에게 공부에 대한 기본 체력이 있었다면 학력고사가 수능으로 바뀌었어도 문제없이 대처했을 것이다. 나는 체력을 기르는 영어 공부를 하지 않고 주로 다락원과 시사영어사에서 나온 토익 기출문제를 풀면서 고득점을 기대했었다. 시험 형식에는 익숙해져 있지만, 영어 실력과 고득점에는 거의 도움이 되지 못했다. 수학능력시험과 재수의 실패를 또 한 번 반복한 것이다. 영어 실력 향상을 위해서 읽기, 듣기, 말하기, 쓰기의 전 방위적인 공부를 했어야 했다. 무엇보다도 영어를 즐기면서 공부해야 했었다.

용산지역대 하남시 미군 부대에 배속을 받게 된 나는 카투사로서 군 생활을 시작했다. 어렵게 입대한 만큼 군 복무에 최선을 다했다. 그다지 영민하지 못했기 때문에 누구보다도 일찍 일어나서 하루를 시작했고 주어진 임무를 대충대충 넘기지 않았다. 카투사로서의 26개월은 내 인생의 전환점이자 돈을 주고도 살 수 없는 귀중한 시간이었다. 미국 문화를 알게 되었고 실생활에서 쓸 수 있는 영어도 배우게 되었다. 유능한 카투사 동기, 선후배와 미군 친구들을 만났고 존경할 만한 상관들을 모셨다. 부족한 영어 실력에도 내 성실함이 빛을 발하기 시작했다. 상병이 되자 미군 하사관 교육대PLDC: Primary Leadership Development Course에 들어가게 되었고 선임병장인 시니어 카투사로 선발되어 한미 군사작전의 통역과 카투사들의 인사와 복지를 담당하게 되었다. 부대 영화관에서 보던 할리우드 영화들, 수요일마다 교회 예배당에서 먹었던 짭조름한 피자, 산 중턱 잔디 구장에서 폐가 터질 듯이 뛰었던 축구경기 모두 내 소중한 기억의 보물창고에 고이 간직된 추억들이다.

또 카투사 복무 기간은 내가 유학의 꿈을 꿀 수 있는 소중한 시간이었다. 유학을 다녀온 선후배 카투사도 많았고, 새로 사귀게 된 미군 친구들은 내 꿈을 응원해 주었다. 주말에 외박을 나올 때면 도서관에서 영어와 외교학 등을 공부하면서 유학의 꿈을 키웠다.

특히, 미군 부대에서의 경험과 포상 등은 내가 미국 대학교에 응시할 때 큰 도움이 되었다. 미군 하사관 교육대PLDC: Primary Leadership Development Course 수료와 시니어 카투사 경험, 그리고 제대와 동시에 받은 '육군공로훈장' ARCOM: Army Commendation Medal은 나를 다른 지원자들과 차별화시켜 준 힘이 되었다. 나중에 안 사실이었지만, 내가 입학하게 된 텍사스A&M대학교(부시스쿨Bush School)는 군 경력을 우대해 주는 대학이었다.

한국군에서 군 복무를 한 경우에도 군대 경력을 미국 대학원에 지원할 때 자기소개서에 구체적으로 명시하는 것이 좋다. 특히 미군과 연합훈련을 했다면 이를 강조해 준다.

군 생활을 통해서 작은 것에 최선을 다한다면 더 많은 기회가 주어진다는 사실을 깨달았다.

◀ 미군 하사관 교육대PLDC: Primary Leadership Development Course 에서

DEPARTMENT OF THE ARMY

THIS IS TO CERTIFY THAT THE SECRETARY OF THE ARMY HAS AWARDED

THE ARMY COMMENDATION MEDAL

TO   SERGEANT SANG NAM AHN
HEADQUARTERS AND HEADQUARTERS COMPANY, ▇ SIGNAL BATTALION

FOR MERITORIOUS SERVICE WHILE ASSIGNED AS THE SENIOR KATUSA. SERGEANT AHN'S DEDICATION TO DUTY AND PERFORMANCE ARE IN KEEPING WITH THE HIGHEST STANDARDS OF MILITARY SERVICE AND REFLECT GREAT CREDIT UPON HIM, 1ST SIGNAL BRIGADE AND THE UNITED STATES ARMY.

FROM: 11 FEBRUARY 1999 TO 2 FEBRUARY 2001

PO 018-002/18 JAN 01
HQ. ▇
APO ▇

COL SC
COMMANDING

DA FORM 4980-14, NOV 97

▲ 미군 훈장 Army Commendation Medal

직장 생활 중 유학 준비

...

약품을 파는 동시에 성실하고 진실한 나를 '팔았기' 때문에 이룬 실적이었다.

제대가 가까워져 오면서 진로에 대한 고민이 많아졌다. 마음 같아서는 제대와 동시에 유학을 떠나고 싶었지만, 아무것도 가진 것 없이 유학을 생각하는 것은 한여름 밤의 꿈에 지나지 않았다. 제대를 앞두고 만난 대학교 동기 형은 자신이 일하고 있던 외국계 제약회사 영업직을 추천해주었다. 성실하게 노력만 하면 좋은 경력이 될 것이고 실적에 따라 연봉이 올라간다는 말에 귀가 솔깃해졌다. 2001년 2월 제대를 앞두고 있었기 때문에 2000년 겨울 외국계 제약회사 영업직에 응시했다. 내세울 만한 이력이 없었기 때문에 카투사 복무 경험과 영어 실력을 강조하면서 어떤 환경에도 굴하지 않는 끈질긴 영업 사원이 될 것이라고 포부를 밝혔다.

지원한 회사 중에 가장 매력적인 회사는 글락소스미스클라인GSK: GlaxoSmithKline 한국법인이었다. 2000년에 글락소웰컴Glaxo Wellcome과 스미스클라인 비첨SmithKline Beecham plc이라는 두 거대 제약회사가 합병하면서 만들어진 세계 2위 규모의 영국계 제약회사였다. 제대 전에 1차 서류 전형에 통과하고 말년 휴가를 나와서 사장님과 인사부장님과 최종 면접을 보게 되었다. 면접장에서 내가 너무 긴장하고 있었는지 아니면 사뭇 비장한 태도를 보였는지 어느 GSK 직원이 나를 자기 이름으로 추천해 주었다. 결국 합격을 했는데, 그분의 추천이 큰 도움이 되었다고 생각한다. 면접은 제대로 된 스트레스 면접이었다. 상당히 도전적인 질문으로 지원자들을 당혹하게 만들었고, 나는 군인정신으로 무엇이든지 할 수 있다고 우길 수밖에 없었다. 제대를 며칠 앞두고 합격 소식을 받아들었다.

제대 후 2주도 지나지 않아서 GSK 1기로 신입사원 연수에 들어갔다. 짧은 머리가 다 자라지 않은 때였다. 아직 군인정신이 살아 있었고 체력도 올라와 있었기 때문에 2주간의 연수 기간 동안 큰 어려움은 없었다. 어려운 의학 지식과 약품 정보를 빠짐없이 공부했는데 대부분의 교육 자료가 영어로 씌어 있어서 다른 동기들보다 쉽게 공부할 수 있었다. 약대 출신의 동기들이 즐비한 가운데 우수한 성적으로 신입 사원 교육을 마쳤다. 연수 기간 동안 선배들은 영업에 대한 조언을 아끼지 않았다. "신호등이 깜빡이는데도 뛰지 않으면 진정한 영업 사원이 아니다." "반드시 양치하고 고객을 만나라." "고객에게 지키지 못할 약속은 절대로 하지 마라." 신입 사원 교육은 GSK 의료 부사장님이 검은색 가죽 가방을 수여하면서 마무리되었다.

나는 신입사원 교육 성적과, 현재 거주지, 그리고 선호 지역을 바탕으로 의원영업부 서울 4팀에 배치되었다. 서울특별시 강남구, 서초구, 성남시를 담당했던 우리 팀은 신구新舊가 조화를 이룬 팀이었다. 정용채 팀장님은 특유의 친화력과 리더십으로 사회 초년생이었던 나를 친 동생처럼 이끌어 주셨고, 같은 동기였던 윤복 씨와 태균 씨는 나의 부족한 점을 채워주면서 내가 신명나게 일을 할 수 있는 환경을 마련해주었다.

하지만 제약회사 영업은 생각했던 것만큼 쉽지 않았다. 같은 지역을 담당하는 과장님과의 직장 내 훈련OJT: on-the-job training이 마무리되자 홀로서기를 해야 했다. 머뭇거리다 성남시의 한 내과를 처음으로 혼자서 방문했다. 한참을 환자 대기실에서 기다린 끝에 "글락소 들어오세요"라는 호출을 받았다. 쿵쾅거리는 마음을 가라앉히고 의사 선생님께 회사 제품을 하나하나 설명해 나갔다. 물끄러미 내 설명을 듣던 선생님은 참을성이 한계에 달하셨는지 책장에 있던 대한민국 의약 정보 센터 약품목록KIMS: Korean Index of Medical Specialties 책자를 내게 집어던지면서 소리쳤다. "당신이 아는 약보다 더 좋은 약이 여기 많아! 내 약은 내가 알아서 처방할 테니, 당장 나가!" 황당하고 화가 났지만 조용히 물러나왔다. 첫날부터 험한 일을 겪은 내 자신감은 바닥을 쳤고, 그날은 아무것도 할 수 없었다.

몇 년이 지나서 성남시 개원의 협의회에서 우연히 그 선생님을 다시 만났다. 웃으면서 그때 일을 말씀드렸더니, '내가 그랬나. 그랬다면 미안하네'라고 머리를 긁적이며 사과하셨다. 오히려 나는 '원장님의 호통은 내가 성실한 영업사원이 되는 데 좋은 예방 주사가 되었습니다'라고 말씀드렸다.

나의 영업 실적은 첫날의 '참사'와는 달리 조금씩 좋아지기 시작했다. 내과, 소아과, 그리고 이비인후과를 주로 담당하면서 2년 차이던 2002년부터 회사를 그만두는 2004년 봄까지 내 실적은 항상 전국 상위권을 유지했다. 특히 천식치료제인 세레타이드를 전국 의원영업부에서 가장 많이 파는 영업사원이 되었다. 덕분에 내 연봉은 보너스를 합쳐서 당시로는 파격적인 6천만 원에 달했다. 약품을 파는 동시에 성실하고 진실한 나를 '팔았기' 때문에 이룬 실적이었다. 또한 영어를 특화하면서 마케팅 부서에서 제공하는 소책자와 함께 내가 학회지에서 찾은 제품 관련 영문 논문을 한국어로 번역해서 의사 선생님들께 제공하면서 고객들의 신뢰를 얻어갔다.

유학을 가기위해 회사를 그만두기로 결심했지만, 회사는 나의 좋은 실적과 영어 실력 때문에 잡고 싶어 했다. 마케팅 부서로 갈 수 있는 기회도 왔지만 과감히 사표를 던졌다. 텍사스A&M대학교Texas A&M University에서 합격통지서admission를 받은 직후였다.

회사에 다닌 3년 반 내내 유학을 준비했다. 온종일 영업을 하고 가끔 병원 회식과 교육에 참여하기 위해 저녁 시간을 보냈다. 그리고 나머지 시간은 지금의 아내가 된 여자 친구와 데이트를 하거나 GRE Graduate Record Examination와 TOEFL Test of English as a Foreign Language 학원에 다니면서 유학 준비에 매진했다. 틈틈이 공부했는데, 의사 선생님을 기다리는 환자 대기실에서도 GRE 단어를 외웠고 운전을 하면서 TOEFL 듣기 훈련을 했다. 그렇게 나는 GSK에서 일하는 동안 틈틈이 시간을 쪼개가며 모든 유학 준비를 마칠 수 있었다. 회사를 퇴직할 당시 모아두었던 7천만 원 정도의 돈에서 결혼식 비용과 석사 유학 자금을 남겨두고, 나머지는 홀로 계신 어머니에게 드렸다.

미국 대학원에 지원하다

...

이 학교를 지원하는 이유와 무엇을 배우고 싶은지,
왜 자신이어야 하는지, 공부를 마치고 난 후에는 무엇을 하고 싶은지를
한두 장에 걸쳐서 명확하게 어필해야만 한다.

유학을 가기로 결심을 하자 TOEFL과 GRE 점수를 높이는 데 집중했다. TOEFL과 GRE 시험의 부족한 부분은 학원에서 수업을 들으면서 보충해 나갔다. TOEFL은 듣기와 쓰기 수업을 듣고 GRE는 단어와 읽기 수업을 수강했다. 기출문제들을 풀어보면서 시험의 형식을 익히고 영어의 체력을 길러주는 주 교재를 꼼꼼히 공부했다. TOEFL과 GRE를 동시에 준비해도 나쁘지 않지만 효율성 면에서 TOEFL 점수를 먼저 받고서 GRE를 준비하는 게 더욱더 낫다고 생각한다. GRE 시험의 수학 과목은 한국 학생들에게 무척 쉽기 때문에 어렵지 않게 준비할 수 있다.

관건은 GRE 단어였다. 단어의 난이도가 상당했기 때문에 스터디 그룹을 이뤄서 다른 유학 준비생들과 같이 공부했다. 내가 살던 곳이 성남시 분당구여서 자연스럽게 '분당 GRE' 그룹에 들어갔고 여섯 명 정도가 열심히 공부했다. 그리고 이들 모두 원하는 미국 대학원에서 합격 통지서를 받았다. 해커스어학원(www.gohackers.com)의 스터디 게시판에 영어 스터디 그룹과 관련된 정보가 많이 있으니 참고할 만하다.

2003년 가을까지 TOEFL과 GRE 시험 모두 만족할 만한 점수를 받아들었다. 이제 학교를 선택하고 지원할 일만 남았다. 지원할 학교를 선택할 때 U.S. 뉴스 & 월드 리포트U.S. News & World Report에서 자신이 공부하고 싶은 분야의 대학원 랭킹을 참고하면 도움이 된다 (www.usnews.com). 물론 이 랭킹이 완벽하지는 않고 신뢰성에도 많은 비판이 있는 것은 사실이다. 교수 대 학생의 비율 또는 교수 논문의 피인용 수와 같은 정량적定量的인 기준을 사용하는 대신 각 학교의 학과장들에게 다른 학교에 대한 의견을 묻는 '평판'에 의지하는 방식이기 때문이다. 그럼에도 불구하고 이 랭킹은 현재 가장 참고할 만한 수치임을 부인하기 어렵다. 예를 들어서 내가 현재 학생들을 가르치고 있는 분야인 보건관리Health Care Management는 이 랭킹대로라면 미시간대학교University of Michigan, Ann Arbor가 1위이고 앨라배마(버밍햄)대학교University of Alabama, Birmingham와 미네소타대학교University of Minnesota, Twin Cities가 2위와 3위로 되어있다. 보건학이 강세인 존스홉킨스대학교Johns Hopkins University, Baltimore는 의외로 7위에 형성되어 있다. 현재 내가 속해 있는 멤피스대학교University of Memphis는 공동 47로 50위권 안에 들어있다.

보통 열두 군데의 대학에 지원한다고 볼 때 자신의 점수로는 힘들지만 4곳은 가고 싶은 대학, 4곳은 내 성적에 맞는 대학, 나머지 4곳은 내 성적으로 충분히 갈 수 있는 대학으로 나눠서 전략적으로 지원하는 것이 좋다. 각 대학의 TOEFL 및 GRE와 관련된 예년 합격생들의 정보는 해커스어학원의 지원후기 게시판 등에서 확인할 수 있다. 자주 들여다보고 공부해야 할 사항이다.

나 역시 열세 군데 대학에 지원을 했었다. 생각 같아서는 더 많은 학교에 지원하고 싶었지만 지원 비용(지원비 + 국제 우편요금)이 만만치 않기 때문에 지원할 학교 수는 제한이 될 수밖에 없었다. 열세 군데라고 해도 적지 않은 수이기 때문에 많은 지원자들이 마이크로소프트 엑셀Microsoft Excel 프로그램으로 표를 만들어 지원 사항을 기록한다. 학교마다 다른 지원 기한, 장학금 신청 기한, 전화 인터뷰 여부, 수신인 정보, 인터뷰 날짜 등을 기록해 놓는다.

미국 대학원에 지원할 때 자기소개 에세이SOP: Statement of Purpose,는 영어 성적만큼이나 중요하다. 특별히, 외국인 지원자의 경우는 이 학교를 지원하는 이유와 무엇을 배우고 싶은지, 왜 자신이어야 하는지, 공부를 마치고 난 후에는 무엇을 하고 싶은지를 한두 장에 걸쳐서 명확하게 어필해야만 한다. 이는 나 역시 현직 교수로서 석사와 박사 학생들의 지원서를 검토할 때 눈여겨보는 사항이기도 하다.

나는 지극히 개인적인 이야기로 에세이를 시작했다. 외교학과에 지원하면서 한국의 분단 상황을 가족의 비극(큰아버지께서 군 복무 중 군대에서 지뢰를 밟아 돌아가신 사건)과 연계시키면서 '장래에 국제기구에서 일하면서 세계 평화에 기여하고 싶다'는 포부를 밝혔다. 미군 부대에서 카투사로 복무하면서 쌓은 리더십과 GSK 영업사원으로 일할 때 얻은 경험들도 함께 강조했다. 에세이를 열심히 고치고 또 고쳤지만 부족한 영어 작문 능력 때문에 오류가 많았다. 그것을 보완하기 위해 스터디그룹 친구들과 함께 믿을 만한 영어 교정 업체에 에세이 수정을 맡겼다. 두 장에 10만 원이 넘는 비용이 들었지만, 상당히 만족할 만한 결과물로 돌아왔다.

Univ.	Department (click to the Homepage)	Academic Program (Specific)	Deadline	Recom-mendation Letters #	Form Status	Essay	Resume
Johns Hopkins Univ.	School of Advanced Int'l Studies	MA in Int'l Relations	15-Jan	2	Yes	<600 words	Yes
UCSD	IR/PS	MA of Pacific Int'l Affairs (MPIA)	15-Dec	3	Yes	SOP 2pgs	Yes
Univ. Winconsin	MA of Int'l Public Affairs	Int'l Development	01-Jan	3	No form	SOP	Yes
American Univ.	School of Int'l Service	MA Int'l Affairs, Int'l Politics	15-Jan	2	Yes		Yes
Indiana Univ.	School of Public & Environmental Affairs	MA in Comparative and Int'l Affairs	15-Jan	3	Yes	SOP 300-500	Yes
Univ. Maryland	School of Public Affairs	MA in Int'l Security and Economic Policy (SEP)	01-Jan	3	Yes	2 Written statements	Yes
Syracuse Univ.	Maxwell School of Citizenship & Public Affairs	MA in Int'l Relations	08-Jan	3	Yes	Personal statement	
Univ. Georgia	School of Public & Int'l Affairs	MA in Political Science	01-Jan	3	Yes		
Univ. Denver	School of Int'l Studies	MA in Int'l Security	15-Jan	3	Yes		
Univ. Kentucky	The Patterson School of Diplomacy and Int'l Commerce	MA degree program	01-Feb	4	No form	Personal statement	
Univ. Florida	Department of Political Science	MA in Int'l Relations	01-Feb	3	Not yet down	Personal statement of purpose	
Texas A&M Univ.	Bush School of Government	MA Program in Int'l Affairs (National Security Affairs)	23-Jan	3			

▲미국 대학원 석사과정 지원표 예시

외교학과에 지원하고
행정학과에 입학하다

...

꿈을 버리기는 어려웠지만, 결혼과 동시에 유학을 시작하는 마당에
먹고 사는 현실적인 문제를 외면할 수 없었다.

앞서 나는 미국 대학원에 외교학으로 지원했다고 했지만, 결론적으로 행정학으로 진학을 하게 된다. 연유는 이렇다. 미국 대학교들에 지원하고 합격 소식을 손꼽아 기다리고 있던 어느 날, 지원한 학교 중 하나인 텍사스A&M대학교Texas A&M University 부시스쿨Bush School of Government and Public Services에서 연락이 왔다. 학교 측에서 보내온 소식은 이랬다. '서류가 행정학으로 배달이 되었는데 에세이를 읽어보니 외교학이다. 잘 못 배달된 것 같다. 그런데 외교학과는 아직까지 외국인을 뽑은 적이 없어서 외교학과에서는 합격 통지서를 받기 어려울 것이다. 그냥 행정학과로 지원을 하는 게 어떻겠는가?' 나는 급한 마음에 '행정학과에 지원하겠다'고 했고 얼마 후에 부시스쿨 교수님들과 전화 인터뷰를 가졌다. 그리고는 몇 주 후에 합격 소식을 전해 들었다. 학교에서는 저렴한 학비와 공부하기에 쾌적한 도시 칼리지 스테이션College Station(미국 텍사스주 브라조스 카운티에 있는 도시)의 환경을 자랑하면서, 매력적인 장학금 혜택을 제시해 왔다.

▲ 텍사스A&M대학교 부시스쿨 합격 편지

그 후 다른 학교에서도 속속 합격 통지서가 도착했다. 두 군데만을 제외하고 지원한 모든 외교학과에서 합격 소식을 받았지만, 학비와 생활비가 문제였다. '외교관으로서 꿈을 추구할 것인가 현실적인 대안으로 행정학과에 진학할 것인가' 하는 선택의 기로에 섰다. 선택은 텍사스A&M대학교 부시스쿨 행정학과였다. 꿈을 버리기는 어려웠지만, 결혼과 동시에 유학을 시작하는 마당에 먹고 사는 현실적인 문제를 외면할 수 없었다. 또한 도구로서의 영문학처럼 도구로서의 행정학을 공부한다면 다른 학문을 할 수 있겠다는 생각을 하면서 당시 내가 내린 결정을 합리화시켰다. 또 한 번 생존을 위해 나의 꿈을 미루고 현실과 타협했다. 하지만, 결과적으로 외교학보다는 행정학을 공부한 것이 미국에서 수요가 많아진 보건행정학 교수로 임용되는 데 도움이 되었다고 생각한다.

원하는 학교에서 입학통지서를 받았다면 본격적으로 외국 생활을 준비해야 한다. 입학하는 대학의 한국 학생회 홈페이지를 참조하면 신입생들을 위한 행사가 많이 준비되어 있다. 더러는 한국에 거주하는 학교 졸업생들이 신입생들에게 학교를 소개하는 행사를 주최하기도 한다. 발품을 팔면 유학 생활, 학과 공부, 그리고 정착에 많은 도움을 받을 수 있다. 나는 칼리지 스테이션College Station에 있는 한인 교회로부터 정착에 도움을 받게 되었는데 무신론자였던 내가 하나님을 믿게 되고 예수님을 만나는 중요한 계기가 되었다.

유학을 떠나기 전 개인적으로 가장 힘들었던 일은 지금의 아내인 여자 친구를 설득해서 유학 생활에 동행하는 일이었다. 미국 생활에 두려움을 갖고 있었던 여자 친구는 결별을 선언했고 나는 모든 자존심을 내려놓고 매달렸다. 특히나 여자 친구는 딸만 셋인 화목한 가정으로부터 떠나는 것을 원하지 않았다. 하지만, 오랜 기다림과 노력 끝에 결국 여자 친구를 설득했고 유학 직전에 결혼에 골인했다. '만약'을 생각하는 것은 큰 의미는 없지만, 만약에 그때 결혼을 하지 않았다면? 아마도 나는 석사를 마치고 바로 한국으로 돌아왔거나 박사과정 근처에 가지도 못했을 것이다. 외롭고 고된 유학 생활 내내 내 곁에서 힘이 되어준 아내의 나에 대한 사랑과 섬김은 그 어떤 도움보다도 컸다.

혹시 대학원 과정으로(특히 박사과정으로) 유학을 앞둔 젊은이(특히 남학생)가 있다면 결혼을 해서 가정을 꾸리고 유학을 떠나는 것을 추천한다. 유학을 가서 보니 결혼해서 아내를 둔 유학생들이 혼자 온 학생들보다는 삶의 만족도나 학업 성취도가 훨씬 높았다.

끝이 아니다. 비자 수속이 남아있다

...

모든 것들이 준비되었지만, 미국 대사관 면접은 녹록하지 않았다.
극도의 긴장은 비자 면접을 기다리는 대부분 사람들의 얼굴에 묻어나 있었다.

2004년 3월 텍사스A&M대학교에서 기다리던 I-20I-twenty(입학허가서)이 도착했다. 이제 출국까지는 몇 달 남지 않은 상황이다. 미국 대사관에 전화를 걸어 학생 비자(F-1) 발급을 위한 인터뷰 날짜를 잡고 서류들을 준비하기 시작했다. I-20을 비롯해서 필요한 서류를 준비했는데 특히 다니던 직장에서 '석사를 마치고 다시 회사로 돌아오는 것을 추천한다.'는 GSK 팀장님의 편지를 첨부했다.

미국 F-1 비자 심사에서 탈락하는 주된 이유는 지원자가 공부를 마치고 미국에 눌러앉는다는 느낌을 줄 때이다. 또는 공부하는 데 충분한 돈이 없어서 불법 취업할 소지가 있다고 여길 때다. 당시 나의 재정 상태를 증빙하기 위해 모아둔 유학자금의 통장 서류bank statement와 부시스쿨에서 받을 장학금 내역을 제출했다. 비자 심사에서 나는 한국에 꼭 돌아올 예정이라고 강조했다. 거짓말은 아니었다. 사실 석사만 마치고 한국에 돌아올 생각이었고 아내에게도 같은 약속을 해서 결혼할 수 있었다.

아내도 유학생 동반 비자(F-2)를 받아야 했다. 전문직 취업비자(H-1B)의 동반 비자(H-2B)와 마찬가지로 F-2 비자 역시 F-1 비자와 항상 연계되어 있다. 즉, F-2 비자의 발효, 연장, 만료 등 모든 과정이 F-1 비자와 같이 움직인다. 미국 대사관에 인터뷰하러 가기 전에 혹시 모를 실수를 대비하기 위해서 대사관 앞에 있는 비자 서류 대행업체에서 서류를 검토받기도 했다.

모든 것들이 준비되었지만, 미국 대사관 면접은 녹록하지 않았다. 극도의 긴장은 비자 면접을 기다리는 대부분 사람들의 얼굴에 묻어나 있었다. 제법 많은 수의 F-1 비자 지원자가 내 앞에서 여러 가지 이유로 탈락했다. 비자 심사에서 탈락하게 되면 추가 서류를 준비해서 재심사를 받아야 하는데 촉박한 출국 날짜 때문에 대학 입학을 한 해 미뤄야 하는 deferral 경우가 발생하기도 한다. 또한 한 번 비자가 거부된 경우 기록에 남아서 향후의 비자 발급도 낙관하지 못하는 상황이 생길 수가 있다. 나는 영어로 미국 영사와 면접을 진행했지만, 원활한 의사소통을 위해서 한영 통역사가 영사 옆에 대기하고 있었다.

한참을 서류를 뜯어보던 영사는 내가 합격 통지서를 받은 대학이 텍사스A&M대학교임을 확인하고는 "너도 이제 애기스Aggies(텍사스

A&M대학생들의 별칭)가 되는구나. 행운을 빈다."면서 I-20과 여권에 F-1 비자 스탬프를 찍어 주었다. 이제 시작인데 학위를 다 받은 양 기뻤다.

▲ Welcome to Aggieland

제2장

대학원 유학을 떠나다

진실에 한 번 눈을 감아버리면 박사과정과 교수로서의 삶에서 진흙탕 밭을 걸어갈 각오를 해야 한다. 거짓말은 이를 숨기기 위해 또 다른 거짓말을 낳기 때문이다. 차라리 잘못을 인정하고 발바닥이 따갑도록 아픈 자갈밭을 짧게 걸어가는 게 훨씬 낫다.

텍사스A&M대학교 부시스쿨에 입학하다

...

어찌나 넓은지 신입생 때는 학교에서 종종 길을 잃기도 했다.
학교 내에는 골프장, 공항, 여전히 시추 중인 유전,
그리고 핵물리학과를 위한 핵발전소까지 있을 정도다.

2004년 가을, 오리엔테이션과 함께 유학 생활의 막이 올랐다. 내가 입학한 텍사스A&M대학교는 1876년에 개교한 미국의 명문 주립대학교로써 5천여 명의 교수들이 7만여 명의 학생들을 정성껏 가르치고 있다. 이공계에서 특히 두각을 나타내는데 한국의 많은 이공계 교수들을 배출했다. 미국에서는 '텍사스만큼 크다' 하면 '정말 크다'는 표현인데 텍사스A&M대학교도 학생 수와 캠퍼스의 면적에서 미국 대학 중 열 손가락 안에 든다. 어찌나 넓은지 신입생 때는 학교에서 종종 길을 잃기도 했다. 학교 내에는 골프장, 공항, 여전히 시추 중인 유전, 그리고 핵물리학과를 위한 핵발전소까지 있을 정도다. 최근 증축을 한 대학 풋볼 구장인 카일 필드Kyle Field는 수용인원이 십만 명을 넘는다. 가을이 되면서 풋볼 시즌이 돌아오면 텍사스 각지에 흩어져 살고 있던 학교 동문들이 풋볼을 직접 관람하기 위해 학교를 찾아오면서 주말마다 도시는 크게 북적인다.

▲텍사스A&M대학교

▲ 학교의 상징물인 Aggie 반지
  학교 출신들 대부분이 끼고 다닌다

▲ 내 분신과 같은 Aggie 반지

▲텍사스A&M대학교-학교의 많은 캠퍼스 커플들이 이곳에서 혼인 서약을 한다

 나는 한국인으로는 처음 텍사스A&M대학교 부시스쿨(행정학 석사 과정)에 입학하게 되었다. 텍사스A&M대학교가 미국의 제41대 대통령 조지 H.W. 부시George H. W. Bush 대통령의 기념도서관The George Bush Presidential Library and Museum을 유치하면서 공무원을 양성하기 위해 행정학과 외교학을 주축으로 부시스쿨이 생겨났다. 기념 도서관 뒤편 아름다운 산책로에는 세 살 되던 해에 백혈병으로 죽은 어린 딸Robin Bush의 무덤과 함께 자신도 죽게 되면 묻힐 가묘를 마련해 두었었다. 2018년 4월 사망한 부인 바버라 부시Barbara Bush 여사와 11월에 사망한 부시 대통령이 이곳에 묻혔다.

▲George H. W. Bush 대통령 기념 도서관

부시스쿨은 아들 부시 대통령과 오바마 대통령 시절 국방부 장관을 지낸 로버트 게이츠Robert Gates 등이 학장을 지낼 정도로 미국 정계와 잘 연결된 학교다. 로버트 게이츠 학장은 이후 텍사스A&M대학교 제22대 총장에 취임하면서 한국 유학생들에게 '문총장'으로 친근하게 불렸다. 이러한 배경으로 공화당 정권 아래에서 많은 부시스쿨 졸업생들이 미국 백악관과 CIA로 진출했다. 물론 외국인 유학생들에게는 이런 기회는 오지 않았다. 하버드대학의 케네디스쿨을 본떠서 만들어진 부시스쿨은 학생들에 대한 관심과 지원이 남달랐다. 입학생들에게 노트북을 지급했고, 모든 학생에게 연구실을 배정했다. 부시 전 대통령은 자신의 생일이 되면 기념 도서관 상공에서 스카이다이빙을 했고 부시스쿨 졸업생들에게 직접 수료증을 건네줬었다. 나 역시 2006년 부시스쿨을 졸업할 때 부시 대통령으로부터 직접 수료증을 받았다.

▲부시스쿨 상징물-자유의 말들이 동독과 서독의 장벽을 뛰어넘다

첫 학기가 유학 생활의 성패를 좌우한다

...

한 학기도 마치지 못하고 한국에 돌아갈 수도 있다는 불안감으로
잠 못 이루는 날들이 늘어갔다.

석사 유학 첫 학기부터 4과목의 수업을 듣게 되었다. 경제학, 통계학, 리더십과 공공행정학Leadership & Public Administration, 그리고 정책과정Policy Process이었다. 수업은 월요일부터 목요일까지 오전 9시에 시작이 되었다. 듣기로는 학교가 1학년생들의 공부 습관을 길러주기 위한 것이라고 해서 신입생들에게 하루 중 가장 첫 시간에 수업을 듣게 했다. 수업 일정은 매우 빡빡했고 모든 수업은 항상 읽기와 쓰기 숙제로 넘쳐났다. 학부 때 원어민 교수님들의 수업을 제법 수강했음에도 미국 대학원에서 듣는 수업은 생소했고, 어려워서 하루하루가 실수의 연속이었다.

	월	화	수	목
9:00-10:30	Leadership & Public Administration	Quantitative Methods I	Leadership & Public Administration	Quantitative Methods I
10:30-11:00				
11:00-12:30		Economic Analysis		Economic Analysis
12:30-3:00				
3:00-6:00			Policy Process	

▲부시스쿨 첫 학기 수업 시간표

  경제학은 학부 때 들었던 미시경제학 수업 덕분에 그나마 따라갈 만했지만, 나머지 수업은 감조차 잡기 어려웠다. 난생처음으로 통계 수업을 들었고, 공공행정학과 정책학 수업은 토론에 참여하기 쉽지 않았다. 간신히 토론의 내용을 파악하고 질문을 생각해 내면 토론의 주제는 이미 바뀌어 있었다. '뭔가라도 말을 해야지 점수가 나오는데' 하는 강박증으로 한 박자 늦어버린 질문도 했었다. 그때 교수님과 동료들의 어리둥절한 표정은 아직도 잊히지 않는다. 영문학과를 나오고 카투사로 미군에 복무하고 외국계 제약회사에 다닌 게 전혀 소용이 없는 무기력한 시간이었다. 한 학기도 마치지 못하고 한국에 돌아갈 수도 있다는 불안감으로 잠 못 이루는 날들이 늘어갔다.

  특히 읽기 숙제가 많은 수업은 적응하기가 힘들었다. 읽을거리가 많다는 얘기는 기말페이퍼의 길이가 길다는 것을 의미하기도 했다. 내가 만약 유학 준비를 다시 한다면 영어 읽는 훈련을 많이 할 것이다. TOEFL이나 GRE 시험에 나오는 짧은 지문들을 읽는 데 힘을 쓰기보다는 읽기 '지구력'이 필요한 영어 소설책들을 읽을 것이다. 역시 영어의 기본 체력을 길러야 했다. 효율적인 영어공부 요령은 다음 장에서 따로 정리해 놓았다. 다른 숙제가 많다보면 200~300쪽의 교재를 대충 읽거나 건너뛰는 날도 있었다. 이럴 때면 여지없이 수업의 이해도가 매우 낮았다. 교재를 읽어 가면 그나마 익숙한 표현과 사건이 나오는데 그렇지 않으면 수업 내용을 이해하기 어려웠다. 이런 날은 종종 꾸어다 놓은 보릿자루처럼 입도 한 번 뻥끗할 수 없었다. 또한 거의 모든 수업에서 읽기 숙제를 바탕으로 퀴즈를 보기 때문에 읽어가지 않으면 좋은 학점을 받을 수 없었다. 다행히 두 번째 학기부터는 영어 원서 읽기에 요령이 생기면서 수업에서 조금씩 자신감을 찾게 되었고 학점도 오르게 되었다.

내가 만약 다시 유학을 시작한다면, 학교에서 입학 허가를 받자마자 과목별 교수님들께 미리 연락해서 수업계획서syllabus를 받아 교재를 미리 읽어보고 익숙해진 다음에 유학길에 오를 것이다. 첫 학기만 일단 잘 버텨주면 우리에게는 승산이 있다.

문화를 이해하지 못해
그룹에서 왕따가 되다

...

그날 이후로 미국 사회에서는 자신의 분노 감정을
쉽게 표현해서는 안 된다는 것을 깊이 깨달았다.

문화의 차이를 이해하지 못한 미숙한 행동으로 수업에서 같은 그룹 친구들에게 상처를 주기도 했다. 졸업을 위한 프로젝트capstone project를 수행하기 위해 그룹이 대여섯 명 단위로 구성되었는데 프로젝트의 결과는 워싱턴 D.C.에 위치한 미국 의회조사국Congressional Research Service에서 발표할 예정이었다. 중요한 프로젝트여서 다들 신경이 날카로워 있었다. 특히, 조장을 맡고 있던 친구 C는 프로젝트로 인한 스트레스가 쌓이자 조원들에게 짜증을 내기 시작했고 독단적인 행동으로 인해 다른 조원들의 공분을 샀다.

상황을 관망하고 더 참았어야 했는데 나는 분을 이기지 못하고 나

섰다. 친구 C가 조별 모임에 나타나자 나는 그녀의 독단과 전횡을 핏대를 세워가며 성토했다.

"그런 식으로 조장할 거면 혼자서 해. 조원들의 의견을 듣는 거야 마는 거야?" 그리고는 급기야 교실 문을 박차고 나가버렸다.

나름 공명심으로 한 행동인데 어느새 나는 감정 조절 능력이 부족한 사람이 되어버렸다. 이후에 조원들은 오히려 나에게 등을 돌리게 되었는데 관계를 회복하는 데 꽤나 애를 먹었다. 그날 이후로 미국 사회에서는 자신의 분노 감정을 쉽게 표현해서는 안 된다는 것을 깊이 깨달았다.

과목별로 정말 많은 그룹 프로젝트가 있다. 수업을 따라가기도 벅차고 영어에도 서툰 외국 학생들이 그룹 프로젝트에 열심히 참여하기는 쉽지 않다. 하지만, 다른 조원들에게 끌려가기보다는 프로젝트에 적극적으로 참여하는 것은 여러모로 유익하다. 모든 조별 모임에 10분 먼저 가서 기다리고 마지막 정리까지 하고 나오는 게 좋다. 자기에게 부여된 과제는 다른 조원들에게 피해가 가지 않도록 최선을 다해 수행하고 조원들의 의견을 경청하고 있다가 필요할 때는 짧은 훈수도 두어본다. 이렇게 하면 성적이 오르는 것은 물론이고 무엇보다도 사람을 얻을 수 있다. 미국 사회에서 더불어 살아가는 방법을 익힐 수 있게 된다.

미국 대학원 수업 듣기 요령

여러분들, 상당히 많은 돈을 내고 학교에 다니죠.
저는 여러분들 때문에 존재합니다. 그러니 저를 적극적으로 활용하세요.
질문이 있으면 언제든 질문하세요

수업을 들을 때 노트필기도 쉽지 않았다. 학교에서 지급받은 노트북으로 학과 동기들처럼 MS 워드를 이용해서 수업 내용을 기록했다. 영문 타자 속도가 빠르지 않아서 수업을 들으면서 노트필기를 하다 보면 교수님의 중요한 말씀을 놓치기 일쑤였다. 종이와 펜을 이용하거나 MS 원노트를 이용해서 수업 내용을 기록했지만, 이 또한 완벽한 해결책이 될 수는 없었다.

어떤 수업은 교수님께 양해를 구하고 수업을 통째로 녹음하기도 했다. 하지만, 녹음된 수업을 다시 듣는 일은 생각보다 효율적이지 못했다. 결국 읽기 숙제를 열심히 하고 수업 시간에 중요한 사항만 간단하게 기록하며 수업이 끝난 직후에 주어진 강의 슬라이드를 참고하면서 강의 별로 MS 워드로 수업을 요약하는 게 그나마 좋은 방법이었다. 교수님들께 여쭤보고 친구들의 방법도 사용해보면서 자신에게 가장 익숙하고 효율적인 노트필기 방법을 찾아가는 게 필요하다. 요즘에는 태블릿 PC를 사용하는 노트필기 프로그램Evernote, Notability, PDF Expert, LiquidText들이 인기를 끌고 있으니 시험 삼아 사용해 보는 것도 좋은 방법의 하나다.

여기서 중요한 점은 복습은 수업 직후에 하는 것이다. 적절한 타이밍에 기록한다면 우리의 불완전한 기억력을 보완해줄 수 있다. 또한 복습할 때 교수님이 말씀 중에 참고한 교과서와 다른 읽기 자료의 부분을 정확히 찾아서 기록해 놓으면(예를 들어, Anderson [2000], pg 155) 기말고사를 준비하거나 기말페이퍼를 쓸 때 많은 도움이 된다. 너무나 당연한 얘기지만, 충실한 예습으로 시작해서 강의에 귀를 기울이고 복습을 철저히 하면 석사 및 박사 과정에서는 좋은 학점을 받을 수 있다.

복습하다가 의문이 생기면 그냥 넘어가지 말고 학생면담 시간office hour을 이용해서 교수님께 답을 얻어내는 것이 좋다. 미국 대학에서는 누구보다도 학생이 주인이다(물론 한국도 그렇겠지만 말이다). 미국 대학의 교수님들은 학생들이 원하는 것을(학점만 빼고) 거의 모두 들어주어야 한다. 미국에서 교수로 근무하다 보면 '나는 지금(지식) 서

비스업종에 종사하고 있다'는 확신을 하게 된다. 나도 수업 시간에 이런 선언으로 수업을 시작한다.

> "여러분들, 상당히 많은 돈을 내고 학교에 다니지요. 저는 여러분들 때문에 존재합니다. 그러니 저를 적극적으로 활용하세요. 질문이 있으면 언제든 질문하세요. Hey, guys! You are paying a lot of money for taking this class. I am here for you. Please fully utilize me. If you have any questions, feel free to ask me."

단, 교수님을 방문할 때는 학생면담 시간이라도 이메일을 드려서 시간을 미리 약속하고 방문 목적을 밝히는 것이 좋다. 그래야 교수님도 미리 미팅을 준비할 수 있고 학생은 더 많은 도움을 받을 수 있다. 그리고 이 시간 동안 수업 내용 이외에 진로와 취업 등에 관한 얘기를 할 수 있다. 열심히 하는 모습을 보이고 교수님과 좋은 관계를 맺게 되면 진학과 취업을 할 때 긍정적인 추천서를 받을 수도 있다. 미국에서 추천서는 너무 중요하다.

박사과정 수업은 석사과정 때와는 아주 다르다. 물론 한 수업을 석사과정과 박사과정 학생이 같이 듣는 경우도 종종 있지만, 그들이 원하는 것은 다르다. 아니 달라야 한다. 석사과정 학생은 보통 좋은 학점에 목표를 둔다. 좋은 학점이 그들의 취업과 박사과정 진학에 많은 영향을 주기 때문이다. 박사과정 학생은 대신 수업에서 자신의 박사 논문에 필요한 연구 방법론, 통찰력, 혹은 논문 관련 내용만을 '뽑아' 가면 된다. 할 수만 있다면 기말페이퍼를 출판이 가능한 정도로 쓰는 것도 추천할 일이다. 기말페이퍼를 작성하는 것은 다음 장에서 소개하겠다.

물론 수업을 성실하게 듣는 것이 박사과정의 여러 시험(예를 들어, 예비시험preliminary exam, 자격시험qualifying exam에 유리하다. 또한, 학교 혹은 학과에 따라서, 수업에서 C 학점을 두 개 이상 받으면 학사경고를 받고 장학금이 끊기며 최악의 경우 박사과정을 그만두어야 하는 경우는 있다. 그 정도만 아니라면 박사 과정 학생들은 여전히 박사 논문과 출판 가능한 논문에 집중하는 것이 필요하다. B 학점 이상만 받으면 박사과정 졸업과 미국 대학교수직 임용에 결격 사유가 되지 않는다.

나는 석사 1학기 때의 시행착오에도 불구하고 수업에 적응하면서 석사는 4.0 만점에 3.72의 학점으로 졸업을 했고, 박사과정은 4.0만점에 3.84로 졸업을 했다. 석사와 박사 모두에서 졸업 우수상을 받았다.

유학자금, 돈이 문제다

...

재정적으로 어려운 유학생들에게 무분별한 신용카드사용은
빠지기 쉬운 '덫'인 만큼 사용에 세심한 주의가 필요하다.

 유학 생활의 가장 큰 어려움은 역시 학비 조달이다. 이는 한국에서 부모님들이 넉넉하게 유학자금을 보내주시지 못하는 대부분의 유학생에게 해당한다. 나 역시 예외는 아니었는데, 마련해간 유학자금이 석사를 마칠 때쯤 바닥을 보이기 시작했다. 원래 석사만 마치고 한국으로 돌아갈 생각이었기 때문에 유학 전에는 경제적인 부분을 크게 고민할 거라고 생각하지 않았다. 하지만, 석사 2학기 때부터 박사과정을 염두에 두면서 학비에 대한 고민이 나를 짓누르기 시작했다. 박사과정부터는 전액 장학금에 생활비까지 나오지 않으면 유학을 이어갈 수 없는 상황이었다.

그나마 텍사스주의 대학교육 시스템은 가난한 유학생들에게 유리하다. 유학생이 텍사스에서 1년을 거주하면 주립대의 out-of-state 학비(2004년 당시 약 $6,000)를 다음 해부터는 in-state 학비(약 $3,000)로 내게 하는 제도가 있다. 대부분의 다른 주들은 이런 제도가 없기 때문에 해외 유학생들은 거주 기간에 상관없이 비싼 out-of-state 학비를 내야 한다. 이런 유리한 제도와 부분적인 장학금에도 불구하고, 유학 초기 정착 비용과 매달 발생하는 고정비용(학비, 아파트 월세)은 가계에 상당한 부담으로 작용했다.

먼저 준비한 유학자금에서 자동차를 구매하기 위해 만 불을 지출했다. 안전하고 잔고장이 없는 차를 구매하는 것이 미국 생활의 첫걸음이라고 들었기 때문에 이 부분에 큰 지출을 하게 됐다. 아파트는 월에 $500 정도 되는 깨끗한 아파트에서 생활을 시작했다. 지금은 집값이 거의 두 배 가까이 올랐다고 한다. 이후 칼리지 스테이션 College Station에서 생활하는 7년 반 동안 조금 더 저렴한 아파트를 찾아 거의 매년 이사를 다녔다. 어느 아파트에 월세 할인 행사가 뜨면 가난한 유학생들이 우르르 몰려가곤 했다.

부시스쿨에서는 행정조교GA: Graduate Assistantship 장학금이 있었는데, 1학년의 성적을 바탕으로 2학년 때 일자리를 주는 방식이었다. 하지만 미국 대학원 과정에 적응하는 데만 꼬박 1년이 걸린 나에게 GA 자리는 그림의 떡이었다. 궁여지책으로 2학년 때 학교 도서관

아르바이트를 시작하면서 한 달에 $200~300을 벌었고, 아내는 돈을 받고 다른 학생들의 아이들을 돌보는 보모babysitter로 일하면서 생활비를 충당했다. 아내는 그 후에도 몇 년 더 일했는데, 일도 고되고 한국에 있는 가족에 대한 향수가 커서 우울한 날들이 많았다. 그때를 생각하면 지금도 아내에게 미안한 마음뿐이다.

부부가 모두 일해도 상황이 나아지지 않아 중학교 이래로 학비를 보조해주셨던 차승장학회 안상득 사장님께 도움을 청하기로 했다. 양가 부모님들도 재정 상황이 좋지 않으셔서 가족들에게는 손을 벌릴 수 있는 상황이 아니었다. IMF 이후로 사업이 많이 기울어진 상황인데도 안 사장님은 아들을 대하듯 매달 생활비의 일부를 보내주셨다. 그분의 재정 지원은 박사를 마칠 때까지 이어졌다. 그 고마움을 어떻게 다 표현할 수 있을지 모르겠다.

안 사장님의 도움과 여러 노력에도 불구하고 카드빚은 늘어만 갔다. 박사과정 3년 차가 되자 카드빚은 거의 3만 불에 달했고 매달 카드 이자로만 $600 가까이 내는 상황이 되었다. 특단의 조치가 없다면 정상적으로 공부를 마치기는 힘든 상황이 되었다. 그때 상황이 조금 나아진 처가妻家에 자초지종을 말씀드렸고 도움을 받아 카드빚 일부를 갚을 수 있었다. 교수로 임용이 되고 나서도 몇 년은 더, 남은 카드빚을 갚아야 했다. 그 후로 다시는 카드빚을 지지 않게 되었다. 특히, 재정적으로 어려운 유학생들에게 무분별한 신용카드사용은 빠지기 쉬운 '덫' 인 만큼 사용에 세심한 주의가 필요하다.

공부를 중단할 위기에 몰리다

...

이미 통장 잔고는 바닥이 났고 신용 카드는 사용 한도를 초과했다.
3개월 동안 장학금을 받을 수 없다면 한국에 돌아가야 했다.

2006년 5월 어렵게 석사과정을 마쳤다. (다음 장에서 이야기하겠지만) 석사 2학년 때부터 텍사스A&M대학교 보건대학원 박사과정에서 공부하고 있을 때였다. 이제 공식적인 박사과정 학생이 될 일만 남았는데 문제는 그때 터졌다. 석사과정과 박사과정 사이 기간인 6월부터 8월까지는 장학금을 받을 수 없는 상황이 되었다. 이미 통장 잔고는 바닥이 났고 신용 카드는 사용 한도를 초과했다. 3개월 동안 장학금을 받을 수 없다면 한국에 돌아가야 했다. 돌아가도 박사과정에 필요한 재정을 증명할 방법이 없었고 촉박한 시간 때문에 F-1 비자를 다시 받아 가을 학기에 등록할 수 있을지도 불투명한 상황이었다. 기도하는 것밖에 할 수 있는 일이 없었다. 교회 성도님들도 한 마음으로 나를 위해 기도를 해주셨다. 또한 나를 박사과정에 뽑아주셨던 크레이그 블레이크리Dr. Craig Blakely 학과장님께 사정을 털어놓았다. 하지만 그분도 연구비 사정이 좋지 않았다.

절망하고 있던 5월의 어느 날 학과장님으로부터 학교로 빨리 오라는 전화가 왔다. 자신은 연구비가 없지만, 동료 교수인 제임스 버다인Dr. James Burdine 교수가 도와줄 수 있을 거라고 했다. 내 기도는 응답을 받았고 여름과 가을학기 동안 버다인 교수님의 연구조교Research Assistant로 일을 하게 되었다. 이후 두 분을 생명의 은인으로 생각하고 있다. 버다인 교수님의 연구조교 일을 하면서 수집한 데이터를 이용해서 논문도 하나 쓰게 되었다. 5년이 넘는 시간이 걸렸지만 결국 논문을 출판하게 되었다.

박사 2년 차부터는 나의 박사논문지도 교수가 되신 찰스 필립스Dr. Charles Phillips와 이분의 동료교수이자 아내인 캐서린 호스Dr. Catherine Hawes가 나를 연구조교로 고용해주셨다. 이때의 월급은 $1,100이었는데 가뭄 속 단비와 같은 돈이었다. 하지만, 몇 년 동안은 스스로 학비를 부담해야 해서 생활은 전혀 나아지지 않았다. 두 분의 연구조교로 일을 하면서 교수님들의 연구 영역인 노인보건Aging & Public Health과 취약계층의 노인인구에 관심을 갖게 되었다. 이분들의 지도로 노인보건에 대한 박사 논문을 쓰게 되었다.

The Texas A&M University System Health Science Center

School of Rural Public Health
1266 TAMU
College Station, Texas 77843-1266
979 845-2387 • fax 979 862-8371

May 22, 2006

Mr. Sang Nam Ahn

Dear Mr Ahn,

On behalf of the Department of Health Policy and Management, I am pleased to offer you a graduate assistantship from 6/1/06 through 8/31/06. Your stipend will be $ ▮ per month, with contribution toward medical benefits after 90 days. Your assistantship will be funded from research account ▮. Please report to ▮ for your specific assignment of duties.

A student must be enrolled at least half time to receive an assistantship, and international students must be enrolled full time (six hours summer, 9 fall and spring). Colleges and schools may impose additional semester credit hour requirements for students holding assistantships or fellowships, which exceed the minimum stated above. Students in assistantships must be in good academic standing, thus maintain minimum grade requirements of 3.0 or higher and not be on academic probation.

A half time graduate student is considered half time if s/he is registered for a minimum of:

- 5 semester credit hours during a fall or spring semester;
- 3 semester credit hours in a ten week summer semester; or
- 2 semester credit hours in a seven week, six week, or five week consecutive summer semester.

Please indicate your acceptance of this appointment and terms of this assistantship offer by signing and returning this letter. If you accept this offer, it is important that you be completely registered for the appropriate number of credit hours prior to the beginning of classes. We look forward to having you work with us while you are pursuing your degree. Please contact ▮ if you have questions or concerns.

_____ 5/25/06 _____
Date

_____ 5/25/06 _____
Date

_____ 5/25/06 _____
Date

*Baylor College of Dentistry • College of Medicine • Graduate School of Biomedical Sciences
Institute of Biosciences and Technology • School of Rural Public Health*

박사과정에서 크레이그 블레이크리Dr. Craig Blakely 학과장님의 도움으로 펀드를 받다

만약 박사과정에서 행정조교(GA), 연구조교(RA), 강의조교(TA) 중에서 고를 수 있다면 연구조교가 박사 논문을 쓰고 교수로 진출하는

데 가장 유리하다. 지도 교수님의 연구를 도우면서 자신의 연구 영역도 찾을 수 있고 연구에 대한 지도를 교수님께 직접 받을 수도 있다. 같이 논문을 쓰면서 자신의 CVcurriculum vitae(이력서)를 강화시킬 수도 있다.

한국 학생들은 미국 학생들에 비해서 통계처리 등의 연구방법론에서 비교 우위에 있는 경우가 많다. 연구비가 있는 교수님들께 자신의 통계처리 능력을 어필한다면 비교적 쉽게 연구조교 자리를 얻을 수 있다. 물론 다른 대안이 없다면 행정조교와 강의조교를 성실히 하면서 행정과 강의 경험을 CV에서 강조할 수도 있다. 하지만, 이 경우에도 박사논문과 논문 출판이 우선되어야 한다.

통계처리 능력은 필수!

•••

통계 수업을 들을 때면 마치 어두운 방 안에서 검은 안대까지 차고
잃어버린 안경을 찾는 기분이었다.

이전 장에서 통계를 잘 이해하고 통계처리 능력이 있다면 연구조교로 채용되기 수월하다고 언급했다. 또한 통계처리 능력은 학업의 성패와 이후의 학문적인 성과와도 큰 관련이 있다. 물론 이는 인문사회계에 주로 해당되지만, 이공계에서도 어느 정도의 통계 처리능력은 필수적이다. 수많은 데이터를 분석, 처리하고, 이를 연구 논문으로 발표할 때 통계 기법을 잘 알지 못하면 이공계에서도 경쟁력을 갖기 어렵다.

나는 유학을 떠나기 전, 통계에 대한 지식이 전혀 없다시피 했다. 고등학교 때 배운 표준편차 등의 기본적인 지식으로 미국 주립대 석사 과정의 통계 수업을 따라가는 것은 한 참 무리였다. 통계 수업을 들을 때면 마치 어두운 방 안에서 검은 안대까지 차고 잃어버린 안경을 찾는 기분이었다.

요즘 고등학교의 수학 과정에 대한 지식이 많지 않아서 말하기 조심스럽지만, 인문계 수학에서 통계학 과정을 더욱 강화할 필요가 있다고 생각한다. 통계학은 단지 유학을 위해서가 아니라 세상을 살아가는 데 꼭 필요한 도구다. 매일 언론에서 쏟아지는 수많은 통계 지표와 자료를 비판적으로 이해하려면 통계에 대한 지식이 반드시 필요하기 때문이다.

유학 전, 한국어로 된 통계 책을 한 권 사기는 했다. '통계학' 이라는 이름의 대학 통계 입문서였는데, 읽어도 도통 이해할 수가 없었다. 직접 통계 프로그램을 돌리고 데이터를 처리하는 과정 없이 이론만으로 통계학을 배우는 것이 나에게는 무리였다. 첫 학기 내내 통계학 과목 숙제에 대한 부담으로 밤마다 악몽에 시달렸다. 같은 교회를 다니던 통계학 박사과정 선배님에게 통계학 과외를 받기도 했다. 하지만, 대부분의 통계 이론은 여전히 이해하기 어려웠다.

통계에 자신감이 붙은 것은 영어 원서로 쓰인 통계학 서적을 꾸준히 읽고 교재에 포함된 데이터를 통계 프로그램(나의 경우 Stata)으로 활용하면서부터였다. 통계 프로그램을 이용해서 데이터를 눈으로 확인하고 손으로 만지고 코딩coding을 하면서 오히려 통계 이론이 이해되기 시작했다. 매일 통계학을 공부하고 데이터를 분석하는 경험이 쌓이자 박사과정에 들어갈 때 통계처리 능력은 내가 가진 강점 중의 하나가 되었다. 물론 이 강점을 살려서 연구조교 자리를 얻게 되었고 교수님의 연구를 도우면서 내 박사 논문에 필요한 데이터도 분석할 수 있게 되었다.

통계 처리 능력은 박사과정에서 더욱 중요해졌다. 내가 받은 박사 학위의 정식 이름은 보건 서비스 연구(Ph. D. in Health Services Research, HSR)다. HSR은 주로 건강과 관련한 접근access to care, 비용cost to care, 품질healthcare quality을 연구하는 학문이다. 즉, 어떻게 환자들이 병원을 이용하고(access), 얼마의 진료비를 내며(cost), 질병이 어떻게 치료되는지(quality)를 연구하는 분야다. 이 연구를 위해서는 질병의 사회적 요인, 보건정책, 의료재정체계, 병·의원의 구조, 그리고 환자와 의사들의 행동을 종합적으로 분석하는 일이 필요하다. 당연히 다른 분야의 연구자와의 협업이 필요하고 수준 높은 통계처리 기술도 요구된다.

내가 만약 다시 유학을 준비한다면 통계학을 제대로 공부해서 유학을 떠날 것이다. 입학할 학교가 결정되고 첫 학기 통계 수업이 정해지면 교수님께 연락을 드려 수업에 사용할 통계 프로그램과 영문으로 쓰인 통계학 교재가 무엇인지 알아보고 한국에서 미리 공부해

놓는 게 필요하다. 책 안에 수록된 데이터와 통계 프로그램을 사용하면서 통계학을 제대로 공부해야 한다.

영어 원서로 통계학을 공부하는 이유는 영어로 통계학의 용어에 익숙해지기 위해서다. 영어로 regression analysis는 한국말로 회귀분석이다. 회귀분석을 국어사전에서 찾아보면 '어떤 변수가 다른 변수에 의하여 설명된다고 보고 그 함수 관계를 조사하는 통계적인 해석 수법'이라고 나온다. 기존에 통계학을 공부하지 않은 사람이라면 한국말 용어와 정의를 이해하기 어려울 수 있다. 나중에 미국에서 연구하고 강의할 때 이를 영어 용어로 다시 번역해야 하는 일이 생긴다. 여전히 통계학이 이해하기 어려우면 사설 학원에서 통계학 수업을 듣는 것도 한 가지 방법이다. 조금 더 적극적인 방법으로는 본인의 학부 대학의 지도 교수님께 연락해서 통계 분석을 하는 일에 자원봉사를 해보는 것도 좋다.

통계처리에서 뼈아픈 실수

...

결과에만 관심이 빼앗긴 나머지 기본적인 표본의 크기sample size도 점검하지 못해서 일어난 실수였다. 눈앞이 캄캄하고 난감했다.

박사과정 2년 차 때 통계 분석과 관련해서 큰 실수를 저지른 적이 있다. 지도 교수님이었던 필립스 교수님이 공유한 미국 텍사스주의 메디케이드Medicaid(저소득층을 위한 의료보장제도)를 받는 노인인구의 데이터를 분석하면서 노인 비만을 연구하던 때였다. 오랜 시간에 걸쳐서 연구 목적을 세우고, 데이터를 정제하고, 코딩하고, 모델을 세워서 의미 있는 결과를 이끌어냈다. 이 연구를 통해 절반 가까운 취약계층 노인들이 비만으로 밝혀졌고 이와 관련한 행동 및 사회경제적 요인을 발견한 것이다.

기쁨에 들떠서 연말에 있는 학회에 연구 초록abstract까지 제출했다.

그런데 어느 날 데이터를 다시 살펴보다가 이상한 점을 발견했는데 환자 1번과 2번, 3번과 4번, 5번과 6번의 데이터가 정확히 일치하고 있었다. 나머지 환자들도 모두 이런 식이었다. 잘못된 코딩으로 데이터가 복제된 것이다. 600명 정도의 환자가 1,200명으로 늘어나 있었다. 결과에만 관심이 빼앗긴 나머지 기본적인 표본의 크기sample size도 점검하지 못해서 일어난 실수였다. 눈앞이 캄캄하고 난감했다.

이런 실수를 저지르고 나면 순간적으로 실수를 감추고자 하는 '생존본능'이 살아난다. 실수를 감추는 것에 그치지 않고 유의적인 결과에 방해가 되는 데이터를 아무도 모르게 지우고 싶은 유혹도 받게 된다. 하지만, 진실에 한 번 눈을 감아버리면 박사과정과 교수로서의 삶에서 진흙탕 밭을 걸어갈 각오를 해야 한다. 거짓말은 이를 숨기기 위해 또 다른 거짓말을 낳기 때문이다. 차라리 잘못을 인정하고 발바닥이 따갑도록 아픈 자갈밭을 짧게 걸어가는 게 훨씬 낫다.

고민 끝에 지도 교수님을 찾아갔다. 거의 울 것 같은 얼굴을 하니 교수님도 긴장하신 듯했다. "교수님, 제가 큰 잘못을 저질렀습니다." "……." 교수님은 말씀이 없으셨다. "데이터 처리를 잘 못 해서 데이터가 복제되었고 의미 있는 결과가 나왔다고 학회에 초록을 제출했습니다." 교수님은 오히려 담담하게 말씀하셨다. "나는 네가 다른 사람을 다치게 한 줄 알았다. 데이터가 잘 못 복제되는 일은 흔하게 일어난단다. 나도 내 아내Dr. Hawes도 자주 겪었지. 하지만, 솔직하게 잘못을 알려줘서 고맙다. 학회 초록은 취소하고 다시 작성해서 보내자." 그러시면서 한마디 더 보태셨다. "상남, 내가 지금까지 현직에서 활발한 연구 활동을 하고 있는데, 비결이 뭔 줄 아나?" "뭔데요?" "나는 아직도 데이터 정리 및 처리를 박사과정 학생들이나 다른 사람들에게 맡기지 않아. 내가 직접 하지. 내 손에서 데이터를 놓는 순간 나는 다른 사람들의 스케줄에 묶이게 되고 내 연구에 속도를 낼 수 없어. 또한 가장 중요한 것이 내가 내 연구 결과에 대한 확신을 갖기 어렵다는 점이야. 그러니 통계 처리 기법을 더욱 연마하면서 나중에 교수가 되어도 데이터 처리를 다른 사람에게 맡기지 마. 이번 실수로 많은 것을 배웠을 거야."

교수님은 수업 시간 중에도 통계 처리 능력에 대해서 다시 한번 강조하셨다. "여러분들 논문을 많이 출판하고 싶지요? 이를 위해서는 세 가지 방법이 있는데, 이 중 두 가지만 충족되면 좋은 저널에 여러분의 논문을 출판할 수 있어요." 우리 동기들은 귀를 쫑긋 세우고 교수님의 말씀을 들었다. "먼저, 흥미로운 연구주제여야 합니다. 남들이 이미 한 연구는 재미가 없지요. 둘째, 희귀면서도 올바르게 수집한 데이터가 좋은 대접을 받지요. 셋째, 적절하고 새로운 통계 처리 기법이 필요합니다. 또한 교수로 임용된 후에는 같은 학교에 있는 통계학자나 경제학자와 공동 연구를 통해 꾸준하게 새로운 통계 기법을 공부하고 사용해보는 것이 중요해요. 절대 현실에 머물면 안 돼요."

적은 기회라도 소중히 여기다

...

몸은 피곤하고 시간에 쫓기게 되어도 작은 기회들을 살리면
더 큰 기회들이 찾아온다는 것을 알게 되었다.

우리 인생은 수많은 위기crisis로 가득 차있다. 한자어인 위기危機는 풀어서 위危, danger와 기機, opportunity로 이루어져 있다. 인생의 위기를 슬기롭게 견뎌내면 체력이 향상되고 경험이 쌓이면서 실패를 줄이는 삶을 살 수 있다. 내 인생은 언제나 위기로 가득했다. 안타깝게도 이 문제는 현재진행형이면서 미래형이기도 하다. 아마도 우리가 할 수 있는 일은 위기에서 적은 기회를 발견하고 이를 성장의 기회로 삼는 것이다. 이 단순한 진리는 나의 유학 생활에서 그대로 적용되었다.

나는 한국에서 대학을 다니는 동안 어렵게 수강한 다양한 교양과

목들이 유학 생활에서 행정학과 보건정책학을 공부하는 데 도움이 될 것이라고 생각하지 못했다. 카투사로 군에 복무한 것과 글락소스미스클라인GlaxoSmithKline에서 영업한 것이 미국 대학원에서 어드미션admission을 받고 미국 주립대에서 교수로 임용될 때 도움이 될 것이라고는 미처 예상하지 못했었다. 한국에 방문할 때마다 시와 수필을 공부하고 미국 한인교회에서 간증집을 편집했던 일이 이 책을 내는 데 도움이 될 거라고 전혀 생각하지 못했던 것처럼 말이다.

유학 생활 내내 나는 작지만 흥미로운 기회가 주어질 때마다 이를 활용하려고 노력했다. 몸은 피곤하고 시간에 쫓기게 되어도 작은 기회들을 살리면 더 큰 기회들이 찾아온다는 것을 알게 되었다. 이 작은 진리는 내가 박사과정에 입학할 때 빛을 발했다. 부시스쿨 석사과정 1학년을 간신히 마치면서 나는 미래에 대한 고민이 깊어졌다. 아내에게도 석사만 마치고 한국에 돌아가겠다고 말은 했지만 미국에서 행정학 석사만 받고 한국에 돌아가서 무엇을 할 수 있을지 도무지 감을 잡을 수 없었다. 제약회사 영업직으로 다시 돌아갈 수는 없다고 생각했다.

그때 생각난 것이 제약회사에서 일한 건강/보건health과 석사과정에서 공부하고 있는 정책policy을 접목한 보건정책health policy이었다. 그리고 보건정책을 공부할 수 있는 박사과정을 알아보게 되었는데 내가 공부하던 텍사스A&M대학교에 보건대학원과 보건정책학 박사

과정이 있는 것을 알게 되었다. 그날로 크레이그 블레이크리Dr. Craig Blakely 건강정책학 학과장님께 연락을 드렸고 며칠 후에 교수님을 만나게 되었다. 나를 소개하면서 미군 부대 근무 경력, 제약회사 영업사원 경력, 그리고 현재 부시스쿨에 재학 중임을 밝혔다. 지금도 그렇지만 그 당시 학교 내에서 부시스쿨의 위상은 매우 높았다. 좋은 학생들을 뽑아 잘 가르치고 이 학생들이 졸업 후 미국 행정부의 주요 요직으로 진출했기 때문이었다.

▲ 텍사스A&M대학교 보건대학원 전경

그날 미팅을 마치면서 교수님은 나에게 구두로 박사과정 입학 허가를 제안하셨다. 얼떨떨하게 감사한 마음으로 입학을 하겠다고 말씀드렸다. 다만 석사 2학년 때 박사과정을 시작해야 하는 조건이 붙었다. 2년에 한 번씩만 박사과정 학생을 선발하는데, 내가 석사를 졸업할 때는 박사과정을 뽑지 않기 때문이었다. 결과적으로 일 년의 시간을 아꼈지만 2005년 가을부터 일 년 동안은 석사과정과 박사과정을 동시에 보내면서 살인적인 수업course work 스케줄을 갖게 되었다. 한 학기에 석사 수업은 네 과목, 박사 수업은 두 과목을 듣게 되었다.

도전하고 또 도전하다

...

이 기회들을 잡기 위해서 더 많은 곳에서 실패를 맛봐야만 했지만,
그때마다 나는 오뚝이처럼 다시 일어났다.

박사과정이 한 창이던 2007년 학교에 붙은 한 공고가 나의 눈길을 사로잡았다. 텍사스A&M대학교에서 3천여 명의 국제대학원생들을 대표하는 회장단을 뽑는 공고였다. 국제대학원생학생회IGSA: International Graduate Student Association에서 1년의 임기 동안 국제대학원생들의 복지와 권익을 보호하는 일이었다. '공부도 하기 바쁜데, 미국까지 와서 무슨 학생회 활동인가'라는 생각이 들었지만, 오래전 꿈이었던 '국제기구 업무에 도움이 될 수 있겠다'라는 생각이 들어서 IGSA회장에 입후보했다. 일 주일여간의 선거 유세를 통해 정강을 발표하고 학생들 앞에서 최종 연설을 했다. "저는 여러 가지 어려움을 겪으면서 살았습니다. '상처 입은 치유자로서' 여러분의 고

통에 귀를 기울이겠습니다. 어려움에 처한 국제대학원생들의 문제를 학교와 함께 해결하는 데 최선을 다하겠습니다. 저를 회장으로 뽑아주세요."

정작 투표에 참여한 학생들의 수는 많지 않았지만, 선거 막판 나를 지지하기 위해 투표장에 와준 한국 유학생들의 도움으로 IGSA 회장에 당선되었다. 그리고 인도, 중국, 콜롬비아 출신 유학생들로 부회장단이 구성되었다. 이들과 함께 한 달에 두 번씩 회의하면서 일 년간 조직을 이끌었다. 이 경험을 통해 다민족으로 구성된 조직을 운영할 수 있는 능력과 리더십을 기를 수 있었다. 조직 내에 크고 작은 문제도 발생했지만, 이를 통해 문제 해결 능력을 또한 기르게 되었다.

IGSA 회장직의 경험은 2008년부터 Center To Enact Change (CEC)라는 작은 비정부기구(NGO: non-governmental organization)에서 일하는데 자신감을 갖게 했다. 케냐의 작은 마을인 마테타니Matetani를 살리는 일을 위해 결성된 CEC의 연구부서 책임자로 자원봉사를 하게 된 것이다. 미국 전역에 흩어져 있는 다른 부서 책임자들과 수시로 전화 및 화상 회의를 하면서 조직의 업무와 방향을 의논하고 결정했다. 사실 CEC에 내가 기여한 부분은 크지 않았는데, 마테타니Matetani 사람들의 건강을 확인하는 설문조사를 기획하고 그들의 기본 건강자료를 만드는 일을 주로 수행했다. 이마저도 2011년 교수로 임용되고 나서는 바빠지면서 CEC 일을 그만두게 되었다. 짧은 시간 NGO 활동을 통해서 국제기구에서 일하기 위해서는 원활한 의사소통 능력과 함께 남다른 헌신과 사명감이 필요하다는 것을 깨달았다.

▲ 학과 소식지에 재미한인장학기금Korean Honor Scholarship수상과 국제대학원생학생회(IGSA)활동이 소개되다

NGO 활동과 함께 박사과정 중 3년간 한글학교에서 자원봉사자로 섬기면서 미국에 사는 이민 2세들의 한국어 교육에 기여했다. 비전한국학교는 텍사스 칼리지 스테이션College Station의 유일한 한글학교였는데 50여 명의 선생님과 자원봉사자들이 80여 명의 학생에게 수준 높은 한국어 교육을 제공했다. 2008년에는 총무로 섬기면서 재정을 관리하고 학생들과 선생님들의 간식을 담당했다. 박사를 마친 2009년에는 교감으로 봉사하면서 학교의 커리큘럼을 조정하고 학부모님들과의 소통을 담당했다. 2010년부터 2011년 멤피스대학교에 임용되기 전까지 한국학교 교장으로 봉직하면서 휴스턴 영사관과 업무 협조를 통한 한국학교의 대외 관계 향상에 매진했다. 3년간의 자원봉사를 통해 다른 사람들을 섬기는 훈련을 받을 수 있었고 리더십을 기르면서 교수 임용에도 긍정적인 영향을 미쳤다.

▲저자 박사 모자를 쓰다

또한, 유학 생활 동안 각종 장학금과 연구 어워드에 관심을 갖고 기회가 있을 때마다 도전했다. 학교와 학과에서 지원하는 여행경비travel fund를 활용하면서 학회에 참석해서 논문을 발표했다. 2007

년에는 미국주재 한국대사관에서 수여하는 재미한인장학기금KHS: Korean Honor Scholarship을 받았고, 2008년에는 재미 한인과학기술자협회(KSEA)와 한미과학협력센터(KUSCO)에서 수여하는 장학금을 받았다. 2010-2011년에는 미국보건학회APHA: American Public Health Association에서 수여하는 우수 논문상을 여덟 차례 받았다. 이 중 네 편의 논문은 제1저자로 발표했고, 나머지 네 편은 공동저자로 발표했다.

▲재미한인장학기금 KHS: Korean Honor Scholarship을 수상하다

교수로 임용된 후 2011년과 2012년에 각각 RAND Institute와 NIH Summer Institute에서 연수 기회를 잡고 노인보건 분야에서 새로운 연구 기법을 배우고 다양한 연구자들도 만날 수 있었

다. 2015년에는 한국국제교류재단Korea Foundation에서 주는 Korea Foundation Field Research 펀드를 받아서 한국에 머물면서 서울대와 경북대 교수님들과 같이 연구할 수 있는 기회도 갖게 되었다. 2018년 안식년 동안에는 호주 브리즈번에서 열린 interRAI inSPIRe 연구 모임에 연수생으로 선발되어서 나의 연구를 돌아보고 다른 연구자들과 공동 연구를 할 수 있는 소중한 기회를 얻었다. 이 기회들을 잡기 위해서 더 많은 곳에서 실패를 맛봐야만 했지만, 그때마다 나는 오뚝이처럼 다시 일어났다.

▲NIH(NIA) Summer Institute를 수료하다

▲RAND Summer Institute를 수료하다

모든 자투리 시간 활용하기

...

'굶주린 사자만이 사냥한다'는 심정으로 배가 고파야지
두뇌 회전이 좋다는 경험에 근거해서 배가 고픈 상태에서 논문을 썼다.

유학 생활을 하면서 항상 모자랐던 것은 돈뿐만이 아니었다. 시간 역시 항상 부족했다. 숙제와 페이퍼 마감이 젖은 목화솜 이불처럼 항상 나의 삶을 누르고 있었고, 종종 시간이 부족해서 시험을 망치는 꿈을 꾸는 일은 예사였다. 어떻게 하면 제한된 시간 안에서 주어진 일들을 마무리하고 미래를 준비하는 시간을 만드는가 하는 것은 언제나 해결하기 어려운 문제였다.

그런데 시간이란 게 참 재미있다. 시간에 쫓기고 일이 많아지면 어디서 그런 요령이 생기는지 더 많은 일을 할 수 있는 것이었다. 시간이 내 삶을 압박하기 시작하면 내 몸은 여러 가지로 반응을 보이는데, 그중의 하나가 시간을 효율적으로 활용하게 되는 것이다. 살아남기 위해서는 제한된 시간을 효율적으로 쓸 수밖에 없다. 나에게는 특히, 2007-2009년 박사과정의 삶은 그야말로 crazy life였다. 박사 논문을 본격적으로 쓰기 시작했고, 늦어진 박사예비시험 preliminary exam(줄여서 prelim)도 준비해야 했다. 앞에서 언급했지만, 한국학교와 NGO 봉사, 그리고 국제대학원생 학생회 활동은 그렇지 않아도 부족한 나의 '시간의 지갑'을 더욱더 얇게 만들어 놓았다.

내가 택한 생존의 방법은 모든 자투리 시간을 활용하는 것이었다. 운전하면서 논문을 구상하곤 했는데 문단의 구성과 글의 전개 방향을 결정했고, 사무실에 도착하자마자 바로 논문을 쓰는 식이었다. 업데이트된 논문은 출력해서 몸에 지니고 다니면서 틈나는 대로 꺼내 보면서 보충하고 고쳤다. 그리고 이를 다시 컴퓨터에 반영했다. 시간을 아끼면서도 글의 품질을 향상시키기 위해 출력, 메모, 반영, 출력의 과정을 반복했다. 영어 논문 쓰기는 다음 장에서 자세히 소개하겠다.

화장실 갈 시간도 아꼈고 점심 식사는 아내가 싸준 김밥이나 삶은 달걀로 해결하면서 최소한만 먹으려고 했다. '굶주린 사자만이 사냥한다'는 심정으로 배가 고파야 두뇌 회전이 좋다는 경험에 근거해서 배가 고픈 상태에서 논문을 썼다. 효율은 높아졌는데 체중이 너무 줄게 되는 부작용에 시달리기도 했다.

이렇게 고질적인 시간 부족에 시달렸지만, 운동은 꼬박꼬박해야 했다. 개인적으로 운동을 좋아할 뿐만 아니라 '체력은 학력'이라는 생각을 하고 있었기 때문이다. 특히 박사과정은 단거리 달리기가 아니라 마라톤 경주다. 한 구간만 바짝 빨리 뛴다고 해서 되는 일이 아니다. 처음부터 끝까지 자기 페이스를 꾸준히 유지하는 게 관건이다. 이를 위해서는 기본적인 체력이 바탕이 되어야 한다. 나는 토요일 저녁마다 교회 친구들과 테니스를 쳤고 틈날 때마다 학교 체육관에서 중국 유학생들과 탁구를 즐겼다. 나중에는 아내와 같이 배드민턴을 치면서 체력뿐만 아니라 부부관계도 더 좋아졌다.

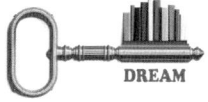

가정이 화목해야 유학에 성공한다

'다시 돌아간다면 아내와 함께 더욱 많은 시간을 보낼 것이다. 아내와 대화를 더욱더 많이 하고 마음과 귀를 열어 아내를 이해하려고 노력할 것이다.

유학 생활 동안, 몸의 체력뿐만 아니라 마음의 체력도 같이 가꾸고 유지해야 한다. 가족, 특히 아내와 함께 하는 시간을 많이 만들고 같이 운동을 하고 산책도 하면서 나와 가족의 삶의 질을 끊임없이 점검해야 한다. 물론 어쩔 수 없이 공부가 우선순위에 오르게 되지만, 행복한 가정을 유지하지 못하면 그 어떤 것도 의미가 없어짐은 자명한 사실이다. 많은 가정이 유학 중에 어려움을 겪고 심지어 이혼하는 경우도 종종 보았다.

한국에서 결혼 생활을 하지 않고 유학과 동시에 미국에 온, 나와 아내의 경우는 더욱 힘들었다. 서로 다른 배경에서 자란 두 사람이 결혼하고 한집에서 사는 것도 쉽지 않은데 언어와 문화가 다른 나라에서 살게 되면 어려움은 두 배, 세 배나 커질 수밖에 없다. 가족이 웬만큼 하나로 뭉치지 않으면 유학 기간 동안 견디기 어려운 시간을 보내게 된다. 우리 부부 역시 2년 반 동안 연애를 하면서 큰 다툼을 한 적이 없었는데, 결혼과 동시에 미국에 오면서 크고 작은 어려움으로 힘든 시간을 보냈다. 다행히, 시간이 지나고 박사후과정post-doc과 교수로 임용을 거치면서 가정이 많이 회복되었고 부부 사이는 더욱더 돈독해졌다.

내가 만약 다시 석사 및 박사 과정으로 다시 돌아간다면 (솔직히 다시 돌아가고 싶은 마음은 없지만) 아내와 함께 더욱 많은 시간을 보낼 것이다. 아내와 대화를 더욱더 많이 하고 마음과 귀를 열어 아내를 이해하려고 노력할 것이다. 내가 옳다고 판단되는 의제agenda를 일방적으로 아내에게 강요하기보다 가족의 의제를 아내와 함께 만들어 나갈 것이다.

한 가지 방법이 있다면, 가족이 같이 캠핑을 하는 것이다. 미국은 캠핑의 천국이다. 대부분 캠핑카나 캠핑 트레일러를 가지고 다니지만, 캠핑장에 가보면 텐트 캠핑도 여전히 인기가 있다. 텐트가 불편하고 캠핑카도 경제적으로 무리라고 생각한다면 자동차 위에 올리는 루프탑rooftop형 텐트도 생각해볼 만 하다. 저렴한 것은 $300부터 시작되고 $1,000 정도면 아주 좋은 루프탑형 텐트를 구매할 수 있다.

우리 가정은 교수로 임용되고도 한참이 지나서야 캠핑을 시작했는데, 캠핑을 한 번 경험하고 나니 이 좋은 것을 왜 유학 생활 때부터 하지 못했나 하며 후회했었다. 그때는 총기 소유가 자유로운 미국의 캠핑장에서 텐트를 치고 잠을 잔다는 것은 상상도 할 수 없었다. 하지만, 한국도 그렇지만, 미국은 가족 단위로 캠핑을 오기 때문에 대부분 캠핑장은 안전하고 깨끗하다. 주에 따라 다르지만, 대부분 주에서 캠핑장 내에서 술을 마시는 행위는 불법이다.

미국에서 캠핑하려면 주정부에서 운영하는 캠핑장을 이용하는 것이 안전할뿐더러 경제적이다. 보통 1박에 $25 내외이고 주립대 교수로 일하고 있으면 할인 혜택도 있다. 등산이나 트레킹을 좋아하는 분들은 캠핑장 주위에 있는 등산 코스를 이용해도 좋다. 하지만, 한국만큼 산에 사람이 많지 않아서 안전장비를 지니고 출발하는 것이 좋다. 우리 가정은 항상 등산화를 신고 방울을 매단 막대기를 손에 들고 등산에 나선다. 내가 사는 테네시 주정부에서 운영하는 캠핑장 정보다 (https://tnstateparks.com/activities/camping). 집 근처의 캠핑장을 찾아서 인터넷으로 예약을 하면 끝이다. 캠핑장마다 차이가 있을 수 있기 때문에 구글 지도 Google Map(https://maps.google.com)를 통해서 캠핑장에 대한 이용객들의 리뷰를 보고 결정하는 것이 좋다. 캠핑을 통해서 유학 생활의 고단함을 가족과 함께 이길 수 있으면 좋겠다.

한국 영어공부의 문제점

...

한 가지라도 부족하면 우리의 영어는 절름발이 언어가 되고 만다.

영어 공부에 대해서 말하자면 나는 할 말이 참 많다. 성공한 경험보다 실패한 경험이 더 많기 때문이다. 영어 실력은 대체로 공을 들인 시간에 비례해서 향상되지만, 방법을 모르고 덤비면 들인 시간과 돈보다 얻는 것이 너무 적다. 반대로 제대로 된 방법을 알고 도전한다면 적은 노력으로 비교적 짧은 시간에 원하는 수준에 도달할 수 있다.

한국에 방문할 때마다 느끼는 것이지만, 우리 사회는 영어에 필요 이상의 재화를 쏟아붓고 있다. 영어를 잘하지 못했던 부모들의 한恨을 자녀들에게 풀어내는 것처럼 보인다. 한국 사회와 기업도 필요

이상의 영어 스펙을 요구한다. 그래서 영어유치원, 사설 영어학원, 조기유학에 천문학적인 돈을 지불하고 있다. 대학에 들어가서도 마찬가지인데, 대학 도서관에 가면 학생들은 전공과목보다 토익 공부에 더 많은 시간을 들이는 것을 보게 된다.

또 한 가지 한국 교육에서 놀란 것은 '선행학습'이라는 것이다. 학원에 가면 중학교 1학년인데 벌써 고등학교 때 쓰는 단어를 외우라고 한다. 경쟁에 뒤처지지 않기 위해서는 부모들도 학생들도 울며 겨자 먹기로 이를 받아들여야 한다. 언어에 특별한 재능이 없는 한 이런 선행학습은 우리 아이들에게 불필요한 스트레스를 주고 자칫 영어를 싫어하게 만드는 요인이 된다.

이제 미국 유학을 하면서 (또는 유학을 준비하면서) 큰돈이 들지 않는 영어 공부 방법을 소개하고자 한다. 다른 언어와 마찬가지로 영어도 읽기, 듣기, 말하기, 쓰기가 동시에 이뤄져야 제 기능을 할 수 있다. 한 가지라도 부족하면 우리의 영어는 절름발이 언어가 되고 만다. 우리가 한국어를 할 때 이 중 한 가지라도 부족하다면 우리의 언어생활은 분명 제한적이 되고 사회활동에도 문제가 생긴다. 하지만, 이 네 가지 언어의 기능은 우리가 의도적으로 노력하지 않으면 동시에 향상되기는 어렵다. 한국어나 영어나 마찬가지다.

일반적으로 읽기와 듣기를 통한 습득input이 먼저이고 말하기와 쓰기를 통한 전달output이 나중이다. 갓난아기들이 처음에는 옹알이만 하고 어른들의 대화를 듣고만 있다가 일정한 시간이 지나면 놀라운 말들을 쏟아내는 것을 보면 쉽게 이해할 수 있다. 즉, 언어 능력은 꾸준하게 향상되는 것이 아니라, 계단의 모양을 이루며 향상된다고 한다. 저수지의 물이 차게 되면 흘러넘치듯이 어느 순간이 되면 자신이 모르는 사이에 언어의 능력이 한 단계 발전해 있다. 그러니 현재 영어가 늘지 않는다고 쉽게 포기하지 말고 꾸준히 공부하면서 '때'를 차분하게 기다리는 지혜가 필요하다.

효율적인 영어 읽기공부

...

어딜 가든 영어신문과 영어책을 손에 들고 다닌다.

먼저, 읽기 향상을 위해서는 영어 신문을 활용하는 것이 좋다. 학교나 지역 도서관에 가면 손쉽게 영어 신문을 이용할 수 있다. 대개 신문에 나오는 소식들은 내가 사는 곳에 대한 이야기이기 때문에 흥미를 갖고 글을 읽어 나갈 수 있다. 읽으면 읽을수록 현재 발생하는 '사건'에 익숙해지게 되고 수업 중 토론이나 일상 대화에서 어렵지 않게 참여할 수 있다. 신문을 많이 읽고 현실 문제에 관심을 갖다 보면 이를 논문에도 인용하면서 독자들의 관심을 환기시킬 수 있다. 자신의 페이스북이나 블로그에 기사를 요약하고 자기 생각을 첨가하면서 스스로 신문을 읽는 동기를 부여하는 것도 좋은 방법이다.

읽기	듣기	말하기	쓰기
• 매일 영자신문 읽고 자신의 블로그에 기사 요약 • 전공과 무관한 영어 책을 읽고 블로그에 서평쓰기 • 도서관과 전자책을 적극 활용하기 • 영어 원서 북클럽에서 영어 원서를 같이 읽고 토론하기	• 매일 영자신문 읽기 • 영어 팟캐스트를 다운로드 받아 들으며 눈으로 본 표현들을 귀로 익숙해지기 • 스포츠 경기와 미국드라마(또는 영화) 시청	• 영어 대화상대와 정기적으로 만나기 • NPR뉴스를 듣고 자신의 목소리를 녹음하며 발음, 강세, 억양을 바로잡기 • 영어 모음에 주의해서 발음하기 • 영어 말하기 모임에 참석하기	• (영작) 교수님께 도움 요청하기 • 학교 글쓰기 센터를 활용하기 • 저렴한 전문 에디터에게 최종 논문을 검토 받기 • 아웃트라인에 살을 붙여가며 글을 쓰기 • Google Scholar를 활용하기

▲큰돈 들이지 않고 영어의 읽기, 듣기, 말하기, 쓰기를 마스터하기

영어 신문을 읽으려면 한 가지보다는 다양한 신문들을 동시에 읽는 것을 추천한다. 특히 진보와 보수의 신문들을 골고루 읽는 것이 '실체적 진실'에 더욱더 가깝게 다가갈 수 있다. 한쪽 진영의 논리에 함몰되는 일을 피할 수 있기 때문이다. 예를 들어서 진보적인 신문들인 뉴욕타임스New York Times나 USA 투데이USA Today는 보수적인 신문인 월스트리트저널Wall Street Journal과 함께 읽는 것이 좋다.

영어 신문을 읽는 것이 망설여지면 어린이를 위한 신문 앱인 뉴슬라Newsela를 이용하는 것도 좋은 방법이다. 단어들이 확실히 쉽다. 또한 신문을 볼 때 자신의 연구 분야를 눈여겨보면 좋다. 나는 보건학을 공부하기 때문에 건강 관리Healthcare, 공중보건Public Health, 보건정책Health Policy 면을 주로 본다. 나는 교수로 임용된 2011년 이후로

학기 중에는 4개의 일간지를 매일 스크랩하면서 학생들과 자연스럽게 소통할 수 있었다. 동료 교수들과 보건 정책에 대해 토론을 할 때면 토론은 언제나 내가 알고 있는 범위 내에서 이루어졌다. 이게 바로 신문 읽기의 힘이다.

읽기를 위한 또 다른 좋은 방법은 영어로 된 책을 읽는 일이다. 책은 가능하면 전공과 무관한 책을 읽는 것이 좋은데, 머리를 식히는 데에도 효과적이기 때문이다. 나는 잠자기 전에 한 시간은 영어 소설이나 자기개발서 등을 읽는다. 신문 기사와 책 읽기가 뭐 다른 게 있나 하겠지만, 두 매체의 읽기 목적과 효과는 엄연히 다르다. 신문 읽기는 시사 상식을 길러주지만, 영어책을 읽게 되면 현실에서 쓸 수 있는 표현과 어휘를 익힐 수 있고 영어 읽기에 끈기를 준다. 한 가지 주제에 대해서 깊이 있는 이해를 할 수 있게 된다. 앞서 소개를 했지만, 수업을 들을 때 100페이지 이상의 전공 서적을 읽으려면 긴 호흡으로 영어책을 읽을 수 있어야 하는데, 매일 영어책을 읽다보면 끈기와 호흡이 길러진다.

한 달에 한 권씩은 뉴욕타임스New York Times 베스트셀러를 사서 끝까지 읽는다는 목표를 세워도 좋다. '문고판으로 나온 반즈 엔드 노블Barnes & Noble(미국의 대형 서점 체인; B&N)의 고전 문학책들을 평생 다 읽는다'는 목표를 세우고 한 권씩 '정복' 해가는 것도 짜릿한 재미가 있다. 지역마다 활성화된 북클럽에 가입하거나 본인이 직접 친한 친구들과 북클럽 모임을 만들어서 책을 같이 읽는 것도 좋다.

그러면 저렴하게 영어책을 읽는 방법이 있을까? 미국의 책값은 한국보다 훨씬 비싼데. 있다! 먼저 동네 도서관을 방문해서 책을 빌려서 읽는 것을 추천한다. 아니면, 도서관 한쪽 코너에서 저렴하게 (¢50~$2) 판매하는 중고 베스트셀러를 구매해서 읽으면 책에다 편하게 메모하면서 읽을 수 있다.

또 다른 방법은 전자책을 읽는 것이다. 나는 아마존에서 나오는 킨들 페이퍼 화이트Kindle Paperwhite를 구입하고 멤피스 시립 도서관을 통해서 전자책으로 된 최신 베스트셀러를 빌려서 읽고 있다. 다 알다시피 전자책은 책의 휴대, 대출, 반납이 간편하기 때문에 여행할 때 좋다. 보통 전자책 단말기E-Reader에는 사전이 내장되어 있어서 모르는 단어를 확인하고 영어의 어휘력을 향상시키는 데 효과가 있다.

고전 문학에 특별히 관심이 있다면 프로젝트 구텐베르크Project Gutenberg(http://www.gutenberg.org)에 방문해서 5만 7천여 권의 영어 책을 무료로 전자책 단말기E-Reader에 내려받아서 읽을 수도 있다. 처음에는 전자책이 익숙하지 않지만, 많이 읽다보면 종이책과 큰 차이를 느낄 수 없다. 신문읽기처럼 영어책을 읽고 페이스북이나 블로그에 간단하게 서평을 남기면 동기부여가 되어서 영어책을 꾸준하게 읽는 데 도움이 된다.

　어딜 가든 영어신문과(혹은 The Economist나 Time지) 영어책을 손에 들고 다닌다. 결국 영어에 대한 꾸준한 관심과 올바른 노력이 영어 읽기 능력 향상에 필수적이다.

효율적인 영어 듣기공부

...

충분한 읽기가 되었다면,
역시 대중매체를 통해서 알게 된 내용과 단어들이 귀에 익어야 한다.

영어 듣기 역시 중요하다. 아니, 듣기는 개인적으로 볼 때 언어에 있어서 가장 중요한 영역이다. 대화에서 상대방의 말을 알아듣지 못하면 대화 자체가 이뤄지지 않을 뿐만 아니라, 말도 꺼내지 못하고 대화가 끝나버릴 수 있다. 박사 학위 논문 심사나, 학회발표, 또는 수업을 진행할 때도 듣기는 언제나 가장 중요하다. 초임 교수 때는 학생들의 질문을 이해하지 못해서 어려움을 겪은 적도 있었다. 학생들 앞에서 질문을 알아듣지 못해서 꿀 먹은 벙어리가 되는 일은 내 악몽에 단골 메뉴다.

그렇다면 잘 듣기 위해서는 어떻게 해야 할까? 앞서 소개한 풍부한 읽기가 기본이 되어야 한다. 미국 의료개혁에 대한 질문을 이해하기 위해서는 의료개혁에 대한 지식이 읽기를 통해서 머릿속에 들어와 있어야 한다. 충분한 읽기가 되었다면, 역시 대중매체를 통해서 알게 된 내용과 단어들이 귀에 익어야 한다. 눈에 보이는 표현과 귀에 들리는 표현이 종종 다르기 때문에 이들을 이어주는 게 필요하다.

나는 팟캐스트podcast를 추천한다. 무료로 내려받아서 시간이 날 때마다 관심 있는 분야별로 간편하게 들을 수 있다. 개인적으로 시사상식을 위해서는 NBC 나이틀리 뉴스NBC Nightly News, NPR 팔러틱스NPR Politics, 미국 CBS 방송의 대표 시사프로그램 식스티 미니츠60 minutes를 듣고, 과학은 인콰이어링 마인즈Inquiring Minds를, 사회는 더 스트레인저즈The Strangers를, 토론 기술은 인텔리전스 스퀘어드Intelligence Squared를, 캠핑은 RV 팟캐스트RV Podcast를 듣는다.

한 가지 더, 듣기 향상을 위해서 추천하고 싶은 것은 스포츠경기(내 경우는, 대학 미식축구)와 미국 드라마(미드) 또는 영화 시청을 꼽을 수 있다. 관심을 두고 시청하기 때문에 영어 공부에 더할 나위 없이 좋다. 하지만, 미드 시청은 자칫 너무 빠져들 수 있기 때문에 주의가 필요하다.

한국에서 유학을 준비 중인 사람들도 위의 방법들을 통해서 영어 읽기와 듣기를 향상 시킬 수 있다. 가방에는 작은 전자책을 넣고 다니면서 읽고 이동 중에는 팟캐스트를 들으면 영어 읽기와 듣기 능력이 크게 향상될 수 있다.

효율적인 영어 말하기 공부

...

수업 시간에 학생들에게 뉘앙스 차이까지도 전달하고 싶은 욕심이 생겼다.

영어 말하기는 유학 생활과 교수 생활을 할 때 자신의 경쟁력이 된다. 우리가 말을 하지 않고 있으면 우리의 읽기와 듣기의 능력이 감춰지지만, 말을 하는 순간 우리가 가지고 있는 지식이 고스란히 드러나게 된다. 이런 면에서 학생 때는 어떤 것이든 말하고 질문할 수 있지만, 교수가 되면 말하는 것에 더욱 주의를 기울여야 하는 이유다. 예전에 어느 교수님께서 해주신 말씀이다.

하지만, 영어를 유창하게 말하기는 그렇게 쉽지 않다. '유창하다'의 정의 역시 사람마다 다르다. 미국에서 태어나고 자라지 않은 이상, 나처럼 '후천적으로' 영어를 배운 사람의 경우, 유창한 영어는

'내가 원하는 생각을 어려움 없이 상대방에게 정확하게 전달하는 것'이라고 정의할 수 있다. 영어를 유창하게 말하기 위해서는 앞서 말한 대로 영어 읽기 듣기와 마찬가지로 많은 시간과 노력이 필요하다.

가장 추천하고 싶은 것은 유학을 시작하면서 영어 대화상대 conversation partner를 찾아 정기적으로 만나 여러 가지 주제에 대해서 영어로 토론하는 것이다. 나는 박사과정부터 박사후과정까지 거의 5년 동안 매주 대화 상대인 D를 만나서 돈을 들이지 않고 영어 공부를 할 수 있었다. 유학 생활 동안 이분과 신앙과 인생에서 좋은 친구가 되기도 했다. 미국에 도착해서 미국 교회나 지역 도서관에 문의하면 영어 대화 상대를 찾을 수 있다. 배우자에게도 영어 대화 상대를 찾아주면 외로움도 달래주고 영어 실력 향상에도 도움을 줄 수 있다.

영어 말하기를 혼자서 공부하는 방법도 있다. 뉴스를 들으면서 미국인들의 발음, 강세, 억양 등을 흉내 내보는 것이다. 먼저, NPR National Public Radio 뉴스 앱을 내려받는다. 듣기와 스크립트가 모두 있는 뉴스 중에서 흥미롭고 짧은 것을 하나 선택한다. 뉴스를 먼저 한 번 들어보고 기사를 읽어본다. 그리고 다시 들어본다. 이제 내용을 알기 때문에 처음보다 훨씬 이해하기가 쉽다.

그다음 자신의 목소리로 기사를 녹음할 차례다. 한 문장씩 들으면서 미국인의 억양, 발음, 말투를 따라 하면서 기사를 녹음한다. 녹음이 끝나면 자신이 녹음한 뉴스와 미국인의 뉴스를 비교하면서 듣는다. 억양은 물론이고 발음과 강세에서도 다른 점이 발견된다. 모두 고쳐야 할 사항들이다. 나도 이런 과정을 거치면서 내 발음과 강세의 문제를 많이 발견할 수 있었다. 예를 들어서 왜냐하면 because는 강세가 두 번째 있다는 것을 알게 되었고, 바몬드 카레의 Vermont 주도 강세가 두 번째 있다는 것을 알게 되었다. 수업 중에 Vermont의 강세를 첫 모음에 두었다가 학생들이 이를 알아듣지 못해 황당한 경우도 있었다.

내가 관찰한 바에 따르면, 한국인 영어 발음의 주된 문제는 자음보다는 모음에(a, e, i, o, u) 있다. 내 연구 주제인 비만 즉 obesity를 발음할 때 나는 '오비이서티'라고 발음을 한다고 생각했는데 내가 녹음을 한 것을 들어 보니 '오베에서티'와 가깝게 발음을 하고 있었다. 내가 사용하고 있는 iPhone의 발음 역시 '아이포우운'이 아니라 '아이퍼우운'으로 발음하고 있었다. 모두 잘못된 발음이다.

이렇게 가장 기본적인 단어도 제대로 발음을 하지 못한다는 것을 알자 나는 거의 모든 단어에 대한 '전수조사'에 들어갔다. 단어를 사용하기 전에 원어민의 발음을 들어 보면서 발음과 강세를 확인했다. 하루에 기사 하나씩 한 달간 꾸준히 따라 하다 보면 자신의 영어 발음과 말하기 실력이 확실히 향상되어 있을 것이다.

좀 더 적극적으로 말하기 능력을 향상 시키고 싶다면 사는 곳의 토스트마스터Toastmaster(https://www.toastmasters.org)와 같은 말하기 모임에 참석하는 것을 추천한다. 나는 유학 생활을 할 때는 이런 모임이 있다는 것을 몰랐다. 교수로 임용되고 나서야 수업의 질을 향상시킬 목적으로 이와 유사한, 내가 사는 멤피스의 멤피스 스피커 클럽Memphis Speakers Club에 참여하기 시작했다.

매주 월요일 열 명 남짓의 사람들이 점심을 같이하면서 말하기 능력public speech과 말하기 순발력을 향상시키는 노력을 하고 있다. 나는 영어 말하기에 있어서 크게 어려움을 느끼지 못했지만, 원어민이 아니었기 때문에 항상 2%가 부족한 느낌이 있었다. 수업 시간에 학생들에게 뉘앙스 차이까지도 전달하고 싶은 욕심이 생겼다. 나 이외의 모든 참석자는 미국 사람이었는데, 처음 30분 동안은 한 사람(chair)이 준비해온 단어와 주제를 이용해서 모든 참석자가 돌아가면서 45초 말하기를 한다. 단어와 주제가 참석자마다 다르게 즉석에서 주어지기 때문에 순간적인 재치와 탄탄한 구조로 자신의 이야기를 전달하기란 여간 쉽지 않았다. 나도 그랬지만 처음 모임에 참석한 사람들은 30초도 채우지 못하고 발표를 마무리하거나 중언부언하다가 1분을 넘기고 말았다. 다른 참석자로부터 적나라한 비평이 이어진다.

두 번째 30분 동안 한 사람(speaker)이 준비한 강의를 한다. 테드 강연TED Talk처럼 자신이 원하는 주제로 상대를 설득시키는 10분 발표를 한다. 나머지 20분 동안 비평이 이어진다. 이번에는 비평 종이 critique sheet에 자신의 의견을 적고 다른 참석자와 비평을 공유한다. 나는 이 모임에 꾸준하게 참석하면서 내 말하기의 잘못된 버릇들을 고치게 되었다. 상대방의 눈을 보면서 말하게 되었고, '음, 어, 엄'과 같이 불필요한 말들(filler)을 줄일 수 있게 되었다. 무엇보다도 생소한 주제가 갑작스럽게 주어지는 경우에도 이야기를 풀어나갈 수 있는 말하기의 순발력도 기를 수 있게 되었다.

영어 글쓰기는 영어 활용의 꽃

...

아무리 좋은 생각도 제대로 된 글로 표현하지 않으면 아무에게도 읽히지 않는다.

학부 때 영어로 논문을 쓴 덕분에 영어 글쓰기에 대한 두려움은 없었다. 하지만, 첫 학기 젠킨스 스미스Dr. Jenkins-Smith 교수님의 리더십과 공공행정학 과목에서 중간 페이퍼를 제출하면서 나의 영작 실력의 민낯과 마주해야 했다. 거의 한 달을 끙끙대면서 준비한 열 장짜리 논문이었는데 돌려받은 논문은 교수님의 피드백으로 가득했다. 그것도 절반인 다섯 장까지만 피드백이 있었고 나머지는 깨끗했다. 교수님이 나의 논문을 보시다가 중간에 포기하신 거였다. 그리고 마지막 장에 의견을 써놓으셨다. '생각은 좋지만, 영어가 엉망이다. 제출 전에 영어 원어민에게 꼭 리뷰를 받도록!' 섬뜩한 붉은 글씨였다.

논문을 고치고 나서 교수님 말씀대로 리뷰를 받기 위해 미국인 동기들을 찾아다녔다. 친구들도 처음에는 조금씩 읽고 고쳐주다가 자기들도 많은 논문을 써야 하니 힘에 부치는 모양이었다. 한 달에 적어도 두 번씩 있는 10장이 넘는 논문을 들고 친구들을 찾아다니는 게 쉬운 일이 아니었다. 자존심은 진작 내려놓았다. 언제부턴가 친한 친구들도 내가 논문을 들고 나타나면 슬금슬금 피하는 눈치였다.

무슨 조치가 필요했다. 먼저 부시스쿨에 계신 영작 전문 교수님을 찾아 도움을 받기 시작했다. 부시스쿨은 영어 글쓰기의 중요성을 강조하기로 유명한 학교였다. 학교에서는 '아무리 좋은 생각도 제대로 된 글로 표현하지 않으면 아무에게도 읽히지 않는다'라고 하면서 글쓰기 전문 교수님을 고용하고 있었다. 거의 매주 영작 전문 교수님을 찾아가면서 글의 방향과 논리를 바로 잡을 수 있었다. 그렇다고 해도, 단시간에 영작 실력이 향상되지는 않았다. 그다음으로 찾아간 곳은 대학교 글쓰기 센터University Writing Center였다. 주로 영문과 대학원생들이 다른 학생들의 논문을 검토해주고 있었다. 글쓰기 센터에 내 논문을 미리 보내놓으면 직원이 수정하고 학생과 일대일로 만나서 논문을 리뷰해주는 방식이었다. 문법적인 오류를 바로잡는 데는 어느 정도 도움은 되었지만, 내 분야를 잘 알지 못하는 영문과 학생들의 리뷰는 한계가 있을 수밖에 없었다.

결국 찾은 방법은 앞의 두 방법과 함께 전문 에디터에게 논문의 검토를 부탁하는 일이었다. 석사 2학년 때부터 만나기 시작한 원어민 대화자conversation partner D에게 저렴한 비용을 지불하고 논문의 검토를 부탁했다. 이렇게 여러 단계를 거치고도 논문의 기한을 맞추기 위해서는 최소 논문 제출일 일주일 전에는 초안 작성을 마쳐야 했다. 이렇게 숙제를 미리 하는 습관이 생기자 더 이상 시간에 쫓겨서 질이 낮은 논문을 제출하지 않게 되었다. 논문의 질이 향상되면서 자연스럽게 학점도 오르게 되었다. 최선을 다해서 논문을 쓰고 끊임없는 퇴고의 과정을 거쳐야 좋은 글 한 편이 나온다는 것을 깨달았다.

영문으로(한글도 마찬가지지만) 논문을 쓸 때 몇 가지 팁이 있다. 가장 중요한 것은, 글을 쓰기 이전에 논문의 개요outline를 잡는 것이다. 좋은 집을 짓기 위해서 튼튼한 기초를 먼저 세워야 하는 것과 같다. 처음에는 부분(섹션[예를 들어, 서론]별, 섹션 내의 문단paragraph)별로 주장할 사항을 간단히 적어 놓는다. 개요를 출력해서 들고 다니면서 하루에 몇 번이고 이 개요를 다시 들여다보면서 살을 붙여나간다. 수업에서 교수님이 언급한 사항, 읽기 숙제를 통해 새로 알게 된 사실, 운전하다가 문득 떠오른 아이디어가 새로운 살이 된다. 컴퓨터 앞에 앉아 미리 작성한 개요에 살을 붙여 나가고 이를 다시 출력해서 들고 다니면서 개요를 발전시킨다. 이런 식으로 글쓰기를 하면 글 한 편은 조금씩 성장하는 생명체가 된다.

개요가 살이 올라 어느 정도 '통통해지면' 논문 한 편을 '한 붓 그리기'로 초안을 만들어낸다. 문법적으로 100% 맞는 글을 쓴다는 강박을 버리고 발전시킨 개요에 의지해서 논리성에 초점을 맞춘 초안을 완성한다. 논리의 비약을 잡아내고 내 주장에 근거를 보완해 나가면서 차츰 논문을 완성해간다. 시간과 노력은 조금 더 들지만 이렇게 개요를 잡고 생각을 발전시켜 나가면 완성도가 있는 10~20장짜리 논문은 어렵지 않게 쓸 수 있다. 빗대어, 영어로 논문(모든 글쓰기가 다 그렇지만)을 쓰는 일은 수채화를 그리는 일과 같다. 밑그림을 그리고 색에 색을 입히면서 한 폭의 그림을 완성하는 일이다.

논문 쓰기에 한 가지 팁이 있다면, 구글 스콜라Google Scholar를 잘 활용하는 것이다. 확실하지 않은 영어 표현이 있을 때 구글 스콜라Google Scholar 창을 열어 놓고 검색을 한다. 내 표현이 맞는다면 여러 논문에서 이 표현을 사용하고 있을 것이고 그렇지 않다면 검색 결과가 나오지 않는다. 더 나은 표현도 찾을 수 있다.

논문은 연역적 글쓰기로 쓰자

...

모든 문단을 작가가 원하는 주제문thesis statement으로 시작하면
독자가 쉽게 글을 파악할 수 있다.

논문과 같은 기술문서technical writing를 작성할 때는 가능하면, 귀납적inductive 보다는, 연역적deductive인 글쓰기를 하는 것이 좋다. 모든 문단을 작가가 원하는 주제문thesis statement으로 시작하면 독자가 쉽게 글을 파악할 수 있다. 이후의 내용은 이 주제문을 반박하거나 뒷받침하는 글로 채우고 결론과 추론으로 마무리하면 된다. 이어질 문단에 대한 다리 역할을 하는 문장도 하나 집어넣는다.

예를 들어서, 노인 비만 문제의 경각심을 일깨우는 글의 서론을 쓴다고 하면 서론의 첫 문단을 다음과 같이 꾸밀 수 있다.

- 주제문: 노인 비만이 미국 사회에 큰 문제가 되고 있다.
- 주제문에 대한 증거 1-현재까지의 상황: 1970년대 OO%였던 노인 비만율이 2015년에 들어서면서 OO%까지 증가했다
- 주제문에 대한 증거 2-전망: 당장 개인적인 그리고 사회적인 노력을 하지 않으면 노인 비만율은 2030년에 OO%까지 증가될 전망이다.
- 주제문에 대한 세분화 1-건강 문제: 비만은 만성질환에 취약한 노인인구의 건강과 생명을 위협할 수 있다.
- 주제문에 대한 세분화 1-증거 1(신체 건강): 최근 연구에 따르면 비만한 노인은 그렇지 않은 노인과 비교할 때 당뇨, 고혈압, 심장병과 같은 질환에 OO% 더 걸릴 수 있다고 한다.
- 주제문에 대한 세분화 1-증거 2(정신건강): 비만은 정신건강에도 악영향을 미쳐서 비만한 노인은 그렇지 않은 노인에 비해 우울증과 이로 인한 자살률이 OO배 높다고 한다.
- 주제문에 대한 세분화 2-재정 문제: 비만이 가져오는 문제는 비단 개인의 건강 문제뿐만 아니라 사회적 비용의 상승으로 이어질 수 있다.
- 주제문에 대한 세분화 2-증거: 비만의 사회적 비용은 2015년 $OOmillion에 이르렀으며, 비만 노인이 실제로 지출하는 비용 out-of-pocket을 OO배 이상 증가시켰다고 한다.
- 결론, 추론, 및 다음 문단으로 이어지는 다리 역할: 그럼에도 불구하고 노인 비만에 대한 사회적인 관심은 너무도 적다.

다음은 노인 비만을 해결하려는 사회적 노력의 사례들을 들면서 문단을 이어나가면 된다. 이런 식으로 한 문단씩 글을 써나가고 문단과 문단 사이를 논리적으로 이어간다면 한편의 좋은 글이 나올 수 있다.

또한, 사용하던 매체(컴퓨터 화면, 종이)나 폰트 및 글자체를 다르게 해서 논문을 검토한다면 오타typo나 문법적인 오류를 쉽게 발견할 수 있다. 교수로 임용되고 학술지의 리뷰어가 되면서 다른 연구자들의 논문을 리뷰하고 평가하는 일이 많다. 일단 오타와 문법적인 오류가 발견되면 연구 결과에 대한 신뢰를 보내기 어렵다. '사소한 실수를 하는 연구자인데 그가 내린 결론을 믿을 수 있겠는가' 라는 생각을 하게 된다. 마찬가지로 교수 임용서류에 오타와, 문법적인 오류, 논리의 비약이 발견되면 지원자에 대한 전체적인 인상에 악영향을 주게 된다.

이런 문제를 줄이는 방법의 하나는 컴퓨터 화면에서만 보던 글을 종이로 출력해서 다시 보는 것이다. 분명히 오류가 발견된다. 완성된 글을 자신의 카카오톡에 보내서 검토하는 것만으로도 많은 오타와 오류를 찾을 수 있다. 또한 폰트 종류와 글자 크기만 바꿔도 오타와 오류는 금방 눈에 띄게 된다. 논문 한 편을 출판하기 위해서 수백 번 수천 번을 보는데 같은 매체와 같은 폰트 그리고 같은 글자 크기를 사용하게 되면 명확한 오타와 오류에도 우리 눈은 둔감해지게 마련이다. 이런 이유로 제2, 3, 4의 사람들에게 자신의 논문과 교수임용서류의 검토를 부탁하는 일은 어찌 보면 당연한 일이다. 그리고 눈으로만 읽지 말고 소리를 내어서 자신의 글을 읽어보면 매끄럽지 않은 문장도 수월하게 찾아낼 수 있다.

영작과 관련해서 한국 유학생들에게 한 가지 위안이 있다면, 미국 학생들도 그다지 글을 잘 쓰지 못한다는 사실이다. 분명 겉보기에는 문법적인 오류는 적다. 하지만, 교수로서 미국인 학생들의 논문을 찬찬히 뜯어보면 논리적으로 잘 쓴 글들을 찾기가 매우 어렵다. 나는 학교에서 학생들의 글을 철저하게 '해부'하는 교수로 '악명'이 높은데 위에 소개한 방식으로 미국 학생들에게 영작 훈련을 시키고 있다. 영어가 제2외국어인 우리가 좋은 글을 쓸 수 있다면 말을 잘하는 미국인들보다 교수 임용에 있어서 오히려 비교 우위에 있을 수 있다. 교수로 임용되기 위해서는 말을 잘하는 것보다 좋은 논문을 많이 갖고 있는 것이 훨씬 유리하기 때문이다.

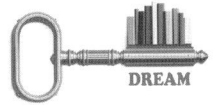

발표능력이 경쟁력

의도적으로 말을 잠시 멈췄다.
웅성거렸던 발표장은 찬물을 끼얹은 듯이 조용해졌다.

영어 말하기가 향상되면 자연스럽게 영어 발표 실력도 좋아진다. 영어 발표는 수업을 들을 때, 학회에서 발표할 때, 박사 논문을 발표할 때, 잡톡job talk을 할 때, 교수로서 수업할 때 꼭 필요한 능력이다.

예를 들어 중요한 발표를 30분가량 한다고 할 때 어떤 식으로 준비해야 할까? 물론 사람마다 다른 방식으로 발표 준비를 할 수 있다. 나라면 먼저 발표 내용에 대해 완벽하게 숙지할 것이다. 발표할 내용 중에서 핵심적인 사항을 뽑아서 슬라이드를 작성한다. 슬라이드는 용도에 따라 다르게 작성하는데, 학회에서 발표할 때는 간결한 슬라이드를 만들고 수업에서 학생들을 가르칠 때는 내용이 풍부한 슬라이드를 만든다. 학회에서는 짧은 시간에 청중들의 이해를 끌어올려야 하며 수업에서는 학생들에게 풍부한 내용의 슬라이드를 제공하면서 강의를 복습할 기회를 줄 수 있어야 하기 때문이다.

내용을 완전히 숙지했다면 슬라이드를 수정해가면서 동시에 발표할 원고script를 만든다. 이 원고 역시 여러 번 수정을 거치게 되는 데 원어민에게 검토를 부탁하면서 최종안을 만드는 것이 좋다. 이제 원고를 통째로 암기할 차례다. 암기했으면 원고를 컴퓨터의 발음으로 녹음한다(나는 맥Mac에서 MS 워드를 사용해서 녹음한다). 컴퓨터의 발음을 여러 차례 듣고 이를 모델 삼아 나의 발음, 강세, 악센트를 수정한다. 발음이 원하는 수준까지 올라오면 이제 내 발음을 녹음할 차례다. 만족할 때까지 녹음하고 나의 목소리로 녹음된 발표를 차에서 이동할 때마다 듣는다. 아침에 깰 때와 저녁에 잘 때 적어도 한 번씩은 듣는다.

이제 이미지 트레이닝을 할 차례다. 슬라이드를 보면서 묵독默讀으로 발표를 한다. 묵독 발표는 여러 차례 이어진다. 역시 아침과 저녁에 같은 방식으로 묵독 발표를 한다. 이제는 리허설을 할 차례다. 과감히 스크립트를 버린다. 스크립트를 버리는 이유는 원고만 고집하다 보면 발표가 자연스럽지 않고 딱딱해지기 때문이다. 조금씩 틀리는 것이 로봇처럼 외우는 것보다 훨씬 듣기에도 좋다.

마지막으로 외웠던 것을 모두 잊어도 좋다. 발표할 장소에 가서 슬라이드를 띄어 놓고 실제로 청중이 있는 것처럼 큰 목소리로 발표를 연습한다. 자신의 성량이 부족하다고 여겨지면 발표할 장소에서 '맨 뒷줄에 앉아있는 사람에게 내용을 전달한다.'는 생각으로 발표를 하면 성량 문제를 어느 정도 해결할 수 있다. 이 발표 역시 녹음을 하고 이를 반복적으로 듣고 문제점을 고쳐나가면서 발표를 계속 향상시켜 나간다.

이제 발표 날이다. 숨을 크게 한 번 들이쉬고 발표장으로 향한다. 청중을 한 번 돌아보고 미소 지으며 발표를 시작한다. 이제 청중과 함께 발표를 즐길 일만 남았다.

팁이 있다면, 가능하면 개인적이고 소소한 얘기로 발표를 시작하는 것이다. 잡톡이나 박사 논문과 같은 중요한 발표라면 발표자뿐만 아니라 듣는 사람들도 긴장해있다. 심각한 표정의 청중을 보면서 발표자가 미소를 지으며 자연스럽게 발표를 하기란 쉽지 않다. 발표와 관련한 가벼운 얘기로 발표를 시작하면 좋다. 이렇게 하면 모두의 긴장을 풀어주고 청중의 관심을 사로잡을 수 있다.

개인적인 얘기로 발표를 시작하는 것도 청중의 관심을 끄는 좋은 방법이다. 몇 년 전에 반 유아기 경험adverse childhood experiences과 소아비만에 대해 학회에서 발표한 적이 있다. "나는 어려서 아버님을 잃고 시골에서 할아버지 할머니 손에 자랐습니다. 그래서인지 저는 어려서부터 약골이었습니다. 이런 이유로 어린 시절 마음의 상처가 육체 건강에 미치는 영향에 대해서 누구보다도 잘 알고 있습니다." 그리고 의도적으로 말을 잠시 멈췄다. 웅성거렸던 발표장은 찬물을 끼얹은 듯이 조용해졌다. 방안을 가득 메운 청중의 집중을 한 몸에 받으면서 발표를 시작할 수 있었다.

영어 발표와 관련한 교수직 잡톡에 대해서는 제3장(주립대 교수직에 도전하다)에서 다시 다룰 예정이다.

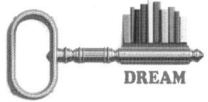

모든 기말페이퍼는 잠재적 논문

...

한 학기 동안 수업을 들으며 매달린 기말페이퍼가
좋은 학점만을 위한 것이라면 낭비도 이런 낭비가 없다.

모든 기말 페이퍼는 잠재적인 논문이 될 수 있다. 단지 좋은 학점만을 받기 원한다면 다른 연구자들의 성과를 종합해서 A 학점을 받을 만한 무난한 기말페이퍼를 쓸 수 있다. 하지만 이런 수준의 기말페이퍼는 출판이 가능한 논문이나 박사학위 논문으로 발전시키기 어렵다. 미국 대학에 교수로 임용되길 원한다면 제한된 시간을 최대한으로 사용해야 한다. 한 학기 동안 수업을 들으며 매달린 기말페이퍼가 좋은 학점만을 위한 것이라면 낭비도 이런 낭비가 없다. 나 역시 석사 1학년 때는 미국 대학원에서 살아남아야 한다는 생각으로 기말페이퍼의 페이지를 채우기에 급급했다. 독창적인 논문을 써서 출판해야지 하는 생각은 꿈에도 하지 못했다.

박사과정에 들어간 후 어느 선배의 '성공적인 교수되기' 이야기를 들었다. 이 박사과정 선배는 모든 수업의 기말페이퍼를 논문 출판을 목표로 작성했고 이 중 많은 논문을 수업의 교수님과 함께 출판했다. 이 선배는 졸업과 동시에 우리 학과 교수로 채용이 되었다. 다 알다시피 미국에서는 같은 학교, 같은 학과 출신을 교수로 채용하는 것을 매우 꺼리는 경향이 있다. 같은 학교와 학과 출신을 교수로 뽑으면 창의적인 생각이 줄어들고 학문이 획일화될 소지가 있다고 여기기 때문이다. 이 선배는 이런 잠재적 문제마저 무용지물로 만들었다. 다른 학교로 '빼앗기기'에 너무 아까운 존재가 되어버렸다.

나도 이 선배를 모델로 삼기로 했다. 수업과 관련된 데이터만 있으면 논문을 쓸 수 있을지 가능성을 살펴보았고, 기말페이퍼를 쓰는 경우는 출판이 가능한 정도로 질 높은 논문을 쓰려고 했다. 자연히 그 수업에서 좋은 학점을 받을 수 있었고 기말페이퍼는 박사논문 또는 논문 출판으로 이어질 수 있었다. 앞서 언급했듯이 미국 대학에서 교수로 임용되는 최선의 방법은 좋은 논문을 많이 출판하는 것이다. 이는 '외국인 핸디캡'을 극복하는 가장 좋은 길이다.

그렇다면 어떻게 기말페이퍼를 출판되는 논문으로 만들 수 있을까? 가장 중요한 것은 시간과 노력의 투자다. 다른 학생들보다 몇 배는 더, 많은 시간과 노력을 기울일 각오를 해야 한다. 다음으로 교수님께 자기 생각을 알리고 도움을 구하는 일이다. '교수님 수업이 매우 흥미롭다. 기말페이퍼를 논문수준으로 쓰고 싶다. 도와 달라' 하면 교수님 중 열에 아홉은 도와준다. 많은 경우에 논문을 쓸 만한 데이터도 제공해 주고 최근 학계에서 인기가 있는 연구주제에 대한 힌트를 주기도 한다. 열심히 노력하겠다는 학생을 교수님들은 쉽게 돌려보내지 못한다. 교수님과 좋은 관계를 유지하면 교수 임용 시 추천서를 받을 수 있고 임용 후에는 좋은 연구 동료도 될 수 있다. 많은 학문 분야에서 공동연구가 더욱 필요해지고 있어서 이런 적은 노력이 인맥이 부족할 수밖에 없는 한국 유학생들에게 큰 힘이 될 수 있다.

기말페이퍼 주제를 찾는 데 종종 어려움이 생긴다. 처음에는 기존 연구를 찾아보면서 연구의 첫 단추를 잘 끼워야 한다. 주제와 관련된 최신의 논문을 읽다 보면 아직 해결되지 못한 연구들에 대한 힌트를 찾을 수 있다. 다른 논문들도 공통으로 이 문제를 지적하고 있다면 이는 출판이 될 만한 '논문거리'라는 의미가 된다.

또 다른 좋은 방법은 자신의 관심 주제와 수업에 맞는 연구비 용역을 찾는 것이다. 미국국립보건원NIH: National Institutes of Health (https://www.grants.nih.gov) 등에서 핵심어(예, obesity)로 관심 있는 연구비 용역을 검색한다. 가장 흥미로운 연구용역을 찾고 배경부터 찬찬히 읽어나간다. 중간 부분에 보면 여전히 해결되지 않은 문제와 더욱 필요한 연구가 예시로 나열되어 있다. 이 부분을 세밀하게 읽어봐야 한다. 이를 통해서 연구가 미진한 분야를 구체적으로 알 수 있기 때문에 이를 공략한다면 논문의 출판 기회도 올라간다.

이제 자신의 연구 주제를 선택하고 이에 대한 답을 줄 수 있는 데이터를 찾을 차례다. 혼자서 찾기 힘들면 교수님께 도움을 청한다. 교수님의 데이터를 이용할 수도 있고 그렇지 않은 경우 일반 연구자에게도 공개된 2차 자료secondary data를 사용해 볼 수 있다. 미국의 인문 사회 분야에서는 연구자들이 손쉽게 이용할 수 있는 질 좋은 2차 자료(예를 들어, Health and Retirement Study: http://hrsonline.isr.umich.edu)가 많이 있는데 짧은 지원서만 작성하면 바로 데이터를 내려받아 이용할 수 있다.

이런 훈련을 통해 좋은 논문을 쓸 수도 있고 운이 좋다면 교수님과 함께 연구비 수주에 도전할 수도 있다. 연구중심 대학의 경우 연구비를 따는 것이 교수 임용뿐만 아니라 테뉴어tenure 심사에서도 가장 중요한 요소다. 연구비 용역을 미리 공부하는 것은 이를 위한 좋은 훈련이 될 수 있다.

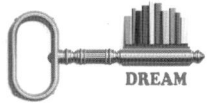

논문의 저자권authorship과 표절

논문을 쓰기 전에 다른 사람의 논문을
어떻게 참고하고 인용하는지를 반드시 먼저 공부해야 한다.

논문을 교수님 등 다른 사람과 같이 집필하기로 했다면 구두로라도 저자권authorship에 대한 의견을 나눠야 한다. 저자권에 대한 논의가 이뤄지지 않고 논문이 시작되면 나중에 이를 나눌 때 어색한 일이 생긴다. 논문을 쓰는 학생이 당연히 제1저자1st author가 되고 종종 교신저자corresponding author를 겸하게 된다. 논문에 기여한 순으로 제2저자, 제3저자 순이 되고, 지도 교수는 보통 마지막 저자가 된다. 물론 이런 저자 순서는 분야에 따라 다른데 경제학계에서는 저자의 순서는 중요하지 않다고 한다. 한국에서는 지도 교수가 교신저자가 되는 경향이 많은 것 같다.

논문을 쓸 때 강조해서 말하고 싶은 것이 바로 표절plagiarism에 대한 문제다. 표절은 '타인의 글을 내 글인 양 가져다 쓰는 행위'를 말한다. 어떤 경우에는 내용의 출처를 올바로 표기하지 않을 때도 표절로 간주 될 수 있으니 주의해야 한다. 아시아권 학생들이 표절 문제에 취약한 것은 사실이지만 미국 학생들 역시 표절 문제에서 자유로울 수 없다.

표절을 피하는 창조적이고 적극적인 글쓰기가 필요하다. '저소득층 노인의 비만'이라는 주제로 논문을 쓰고 있다고 가정한다. 한 문단을 작성하려면 최소 20~30개의 논문을 찾아서 읽어보고 이 중 필요한 다섯 개 이상의 논문을 인용한다. 앞서 소개한 아우트라인에 살을 붙여가면서 논문을 작성하는 방식을 따른다면 표절의 위험을 어느 정도 줄일 수 있다. 내 생각을 주도적으로 표현하면서 다른 연구자의 주장과 연구 결과는 보조 자료로만 사용한다. 이런 의미에서 타인의 논문을 자기 말로 다시 풀어 쓰고는paraphrase '표절 시비에서 벗어났다'고 생각하는 것도 틀린 얘기다. 나만의 생각을 자신의 글로써 표현해야만 논문 표절 시비에서 벗어날 수 있다.

어떤 학생들은 자신의 논문을 여러 수업에 제출하는 '논문 돌려막기'를 하는 경우도 있다. 이런 일이 교수들에게 종종 적발되고는 하는데 이는 '자기표절'에 해당하며 많은 학교에서 엄격하게 금지되고 있다. 자기표절의 경우에도 해당 과제물이나 학점이 0점 처리가 되며 심지어 학생이 학교에서 제적당할 수 있다. 논문을 쓰기 전에 다른 사람의 논문을 어떻게 참고하고 인용하는지를 반드시 먼저 공부해야 한다.

학생비자 연장을 위해
멕시코 국경을 넘다

도장 하나에 몇 달이나 마음을 빼앗겼다.

    어릴 적 유난히도 이발관에 가는 게 무서웠다. 정확한 기억은 없지만, 은빛 가위의 현란한 움직임과 싹둑싹둑 머리카락 자르는 소리가 두려웠던 것 같다. 비자 심사를 위해서 미국 대사관을 방문하고 미국의 공항 입국 심사대를 통과하는 것 역시 언제나 두려움의 대상이었다. 유학 생활 중에 한국을 방문할 때마다 미국 대사관에 들러서 F-1 비자를 연장해야 했다. 미국 대사관에 갈 때마다 이번에 혹시나 비자가 거부되면 어쩌나 하는 불안감에 시달렸다. 비자 문제 때문에 도중에 공부를 그만두면 어쩌지 하는 방정맞은 생각도 자주 들었다. 보통 F-1 비자의 경우 석사는 2~3년 박사는 4~5년 정도의 유효기간을 준다. 박사 학위는 이 기간에 마치기 어렵기 때문에 비자를 중간에 한 번 연장해야 한다.

　제때 비자를 연장하지 않는다고 해서 불법 체류 신분이 되는 것은 아니다. 풀타임full time 학생으로 학교에 등록해서 I-20을 갱신하고 다닌다면 체류 신분에는 문제가 발생하지 않는다. 하지만, F-1 비자는 재발급 받지 않고 미국 체류만을 목적으로 어학원 같은 곳에서 I-20만을 지속적으로 발급 받으면 얘기가 달라진다. 이런 경우 나중에 다른 체류 신분(예를 들어 영주권)으로 전환을 신청하거나 미국 대사관에 가서 F-1 비자를 재발급 받고자 할 때 거절되는 경우가 있으니 주의해야 한다.

　무엇보다도 미국 대학에 교수로 임용이 되고 미국에 정착할 생각으로 영주권이나 시민권을 신청할 때 기록이 남게 되어서 불이익을 받을 수 있다고 한다. 한국을 방문하는 경우에는 미국 대사관을 방문해서 비자 연장을 하면 되는데, 여건이 안 되면 다른 방법을 찾아야 한다.

　나도 박사과정이 끝나면서 비자가 만료되고 있었다. 학교 이민국 관계자의 조언을 듣고 학교 선배들과 상의 끝에 멕시코 국경을 넘기로 했다. 미국을 잠시 떠나고 다시 입국하면서 비자를 연장할 계획을 세웠다. 텍사스는 멕시코와 긴 국경을 접하고 있고 이민국 사무소가 많이 있다. 아내와 함께 8시간 넘게 운전을 해서 텍사스 남단에 있는 한 이민국 사무소를 찾았다. '국경을 넘었는데도 비자가 발급되지 않으면 어쩌나' 하는 걱정이 머릿속을 떠나지 않았다. 최악의 경우 아내를 미국에 남겨두고 멕시코에서 한국으로 돌아와야 했다.

이제, 다리 하나만 건너면 멕시코다. 사람의 기분을 묘하게 만드는 멕시코 전통 음악만이 비자 없이 국경을 넘나든다. 다리를 건너기 전에 미국 측 사무소에서 내 상황을 설명했다. 하지만, 출입국직원은 비자 유효기간이 두 달이나 남아 있다며 국경을 넘어 갔다 와도 비자를 연장해줄 수 없다고 무뚝뚝하게 말했다. 나중에 다시 오라고 한다. 다시 8시간 넘게 운전을 해서 집에 돌아왔다.

비자 만기를 보름 정도 남긴 시점에 다시 같은 이민국 사무소를 찾았다. 30m도 되지 않는 다리를 건너는데 반나절은 걸어간 것 같았다. 다리를 건너자 장갑차와 탱크로 중무장한 멕시코 군인들이 국경을 지키고 있었다. 마약을 거래하고 운반하는 갱 조직들을 상대하기 위해 국경에 파견된 군 병력이다. 이들을 보자 서둘러 미국 쪽으로 향했다. 다리 건너에서 불안해하고 있을 아내를 빨리 만나고 싶을 뿐이었다.

미국 출입국 관리소에 도착했는데 걱정과는 달리 비자를 쉽게 연장해 주었다. 도장 하나에 몇 달이나 마음을 빼앗겼다. 그래도 오는 길에 텍사스에 살지 않으면 와보기 힘들다는 남부 파드레스 섬South

Padres Islands의 하얀 백사장에서 유학 후에 처음으로 휴식다운 휴식을 취했다. 아내와 가끔 달콤 쌉싸름했던 그때의 기억을 떠올리곤 한다.

박사과정을 마치고 박사후과정을 위해서 H-1B 비자를 신청해서 받게 되었다. 멤피스대학교에 교수로 임용되면서 두 번째 H-1B 비자를 받았고 임용 후 바로 영주권을 진행해서 2년여 만에 아내와 함께 미국 영주권을 받게 되었다. 다시는 미국을 들고 나갈 때 미국 대사관을 거칠 필요가 없게 되었다. 언제나 그렇지만 서류 한 장이 큰 차이를 만든다.

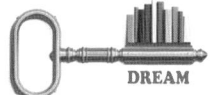

박사후과정은
교수 임용을 위한 좋은 징검다리

...

1년 후 취업 시장에 다시 나갔을 때
내 출판된 논문은 어느새 10개가 넘어 있었다.

제2장(대학원 유학을 떠나다)을 마무리하면서 박사후과정post-doctoral fellowship에 대해서 얘기하려고 한다. 나는 석사 2년 차를 포함해서 박사과정을 4년 반 만에 마쳤다. 비교적 짧은 기간에 박사과정을 하다 보니 논문을 출판할 시간이 부족했다. 2009년 12월에 졸업했는데 출판된 논문이 한 편도 없었다. 교수직과 연구소에 닥치는 대로 지원을 했지만 한 군데에서도 서류 심사에 통과하지 못했다. 나의 CV를 냉철하게 살펴보았다. 그리고 '출판된 논문이 한 편도 없는 상황에서 미국에서 내가 원하는 직업을 찾기는 어렵다'라는 결론에 도달했다. 물론 하버드대학교와 같은 아이비리그 대학을 졸업하고 유망한 분야에서 연구하고 있다면 얘기는 달라질 수 있다.

졸업을 몇 달 앞둔 2009년 가을, 같은 학교 보건대학원에 계신 마샤 오리Dr. Marcia Ory 교수님으로부터 만나자는 연락을 받았다. 박사후과정 연구원을 뽑는데 데이터를 잘 다루고 노인보건학에 관심 있는 박사급 연구원을 찾고 있다고 했다. 며칠 후에 면접장에서 오리 교수님과 S 박사를 만났다. S 박사는 몇 학기 전에 나와 함께 사회학과에서 통계 수업을 같이 들었던 매우 활동적인 친구였는데 나보다 일 년 먼저 박사과정을 마치고 오리 교수님과 함께 일하고 있었다. 오리 교수님은 나를 적임자로 여기고 나에게 박사후과정 자리를 줬고 나는 졸업 전부터 오리 교수님의 일을 돕기 시작했다.

박사후과정을 통해 내 연봉은 두 배 가까이 오르면서 경제적으로도 어느 정도 숨통이 트이게 되었다. 그동안 다른 유학생들이 주고 간 가구를 사용하고 있었는데, 식탁과 소파를 새로 사서 들여놨다. 할부로 자동차를 한 대 구매하는 '호사'도 누렸다. 하지만 박사후과정 업무는 녹록지 않았다. 오리 교수님은 밤에 잠이 없으신지 매일 새벽 2-3시만 되면 이메일을 통해 업무를 보내왔다. 내 '활동적인' 동료인 S 박사는 그 시간까지 깨어있는지 바로 교수님께 답을 해주었다. 몇 달을 새벽까지 교수님의 이메일을 기다리고 답을 하는 생활을 하면서 내 건강은 급속도로 악화되었다. 계속 이런 식으로 할 수는 없는 노릇이었다.

▲텍사스A&M대학교 박사후과정에 합격하다

전략을 바꿔야 했다. 저녁에 일찍 자고 새벽이면 일어나서 아침 일찍 교수님께 이메일에 대한 답장을 보냈다. 물론 교수님은 매우 만족해했다. 짧다면 짧은 일 년 반이라는 기간에 최선을 다해서 교수님을 도왔다. 1년 후 취업 시장에 다시 나갔을 때 내 출판된 논문은 어느새 10개가 넘어 있었다. 자연스럽게 경쟁력도 갖추게 되었다. 이후 오리 교수님은 나를 친 아들처럼 대해 주셨고 지금도 여전히 내게 멘토 역할을 해주고 계시다.

내 경험상 그리고 다른 현직 교수님들의 의견을 종합해 보면, 박사후과정은 할 수만 있다면 분명 장점이 많다. 박사 졸업과 동시에 바로 교수로 임용되기에 논문이 부족하다면 박사후과정을 통해 박사 논문을 소논문 형태로 출판할 수 있다. 진행 중인 다른 논문들도 출판할 수 있는 시간을 벌게 되면서 취업 시장에서 경쟁력을 갖게 된다.

나는 오리 교수님의 수업에서 석사 학생들의 토론을 도운 경험도 있다. 나의 CV에서 부족한 강의 경험을 보완해주려는 교수님의 배려였다. 하지만, 한 과목을 전적으로 강의하기보다는 연구에 더욱 집중해서 양질의 논문을 더 많이 쓰는 것이 교수로 임용될 때 유리할 수 있다. 또한 박사후과정에 너무 오래 머무는 것은 그다지 추천하고 싶지 않다. 우리의 목적은 가능한 한 빨리 교수로 임용되는 것이기 때문이다. 물론 교수 자리가 많지 않은 분야는 경우에 따라서 박사후과정을 두세 번 하는 경우도 있다.

박사후과정을 하면서, 한 가지 아쉬웠던 점은, 내가 주도적이고 주 연구자PI: Principal Investigator로 미국국립보건원NIH: National Institutes of Health의 연구비 제안서proposal를 작성해보지 못한 것이다. 물론 지도교수님을 도와서 연구 제안서를 많이 쓰기는 했지만, 부분적인 기여만 했을 뿐이지 전체 그림을 보는 데 실패했다. 이 부족함은 내가 교수로 임용이 되고도 연구비 수주에 어려움을 겪는 원인 중의 하나가 되었다. 만약 내가 박사후과정을 다시 밟는다면, 교수님께 부탁을 드려 작은 연구비(R03)라도 주 연구자로 신청하는 경험을 쌓아 볼 것이다. 비록 처음에는 실패하겠지만 제안서를 꾸준히 쓰다 보면 경험과 실력이 쌓일 것이다.

제3장

주립대 교수직에 도전하다

잡톡은 참석자와의 대화이면서도 철저하게 준비된 '공연'이라는 점이다. 유머와 웃음, 호흡까지도 계산에 넣어야 한다. 때때로 허점도 드러내면서 그리로 참석자의 질문을 유도하기도 한다. 온화한 미소를 지으면서 모든 사람의 질문에 진지하게 대답하는 태도를 보이는 것이 중요하다. 즉, 실력과 함께 겸손함과 따뜻함을 보여주어야만 하는 시간이다.

마음을 지키기

...

공부에 지치고 힘들 때 구직 사이트를 방문하면서
박사과정 중에서 종종 받게 되는 거절감rejection, 불확실함,
혹은 무기력감에서 벗어나는 힘을 얻을 수 있다.

내가 좋아하는 성구聖句 중에 "무릇 지킬만한 것보다 더욱 네 마음을 지키라 생명의 근원이 이에서 남이니라."(잠언 4:23) 가 있다. 박사과정 중에 이 성구를 얼마나 자주 되뇌었는지 모른다. 그만큼 박사과정은 고되고 지난한 여정이었고 교수가 되는 길 또한 이 연장선에 있었다. 박사과정은 외로운 길이다. 짧게는 4년 길게는 10년간 한 우물만 파야 생존하고 성공할 수 있다. 마음을 지키면서 이 길을 묵묵히 걸어갈 때 원하는 미국 대학에 교수로 임용될 수 있다. 마음을 지키는 몇 가지 팁을 주면서 제3장(주립대 교수직에 도전하다)의 문을 열고자 한다.

먼저, 구직사이트를 틈나는 대로 방문할 것을 추천한다. 미국 대학교 임용과 관련한 일반적인 구직사이트(예를 들어 https://www.higheredjobs.com)와 분야별로 특화된 구직사이트가 있다(보건학의 경우 https://jobs.academyhealth.org). 매일 방문을 할 필요는 없지만 적어도 일주일에 한 번씩 이 사이트들을 방문하면서 가까운 장래에 내가 일할 곳을 예상해볼 수 있다. 꾸준히 방문하다 보면 요즘 어느 학교가 대규모로 교수를 충원하는지, 인기가 있는 분야는 무엇인지 알게 된다.

자신의 연구를 인기 있는 분야에 맞춰서 바꿀 필요는 없지만 교수시장 역시 수요와 공급의 원칙이 적용되기 때문에 유망한 분야를 파악하는 것은 매우 중요하다. 가능하다면 이에 맞춰서 내 연구 분야를 어느 정도 조정해볼 수는 있다. 나 역시 박사 논문을 준비하면서 구직사이트를 통해서 비만연구의 수요를 인식했고 논문에 적용했다. 노인학을 연구하는 지도교수님과 상의한 후에 노인비만을 박사논문의 주제로 삼기로 한 것이다.

또한 공부에 지치고 힘들 때 구직 사이트를 방문하면서 박사과정 중에서 종종 받게 되는 거절감rejection, 불확실함, 혹은 무기력감에서 벗어나는 힘을 얻을 수 있다. 즉, 전투력이 상승하는 효과를 보게 된다. 박사과정에 입학하면 먼저 자신의 분야에 특성화된 구직사이트를 알아보고 규칙적으로 방문하는 것을 권한다.

그다음, 자신의 이력서CV: curriculum vitae 를 규칙적이고 지속적으로 업데이트하는 것을 추천한다. 새롭게 추가할 내용이 생겼을 때는 바로 업데이트를 하고, 평소 일주일에 한 번은 자신의 CV를 검토해 보는 것이 좋다. 굳이 한 장에 모든 것을 담으려고 하지 말고 분야별(education, publication, teaching)로 부제목subheading을 마련하고 새로운 사항이 생기면 추가해 나간다. 이런 노력은 두 가지 면에서 유용하다. 먼저, 꾸준하게 CV를 업데이트하다 보면 자신에게 무엇이 부족한지를 알게 된다. 논문이 부족한지, 강의 경험이 부족한지, 학회 발표가 부족한지를 알 수 있다. 자신의 '시장성'을 냉정하게 알아가는 과정이다.

좀 더 실용적인 의미에서 항상 최신의 CV를 갖고 있으면 적재적소에 CV를 제출하면서 혹시 모르는 기회를 잡을 수 있다. '기회의 문'은 매우 짧기 때문에 기회를 발견하면 신속하게 움직일 필요가 있다. 그 기회가 연구조교 자리일 수도 있고 박사과정 중에 신청할 수 있는 장학금 기회일 수도 있다. 정기적으로 CV를 검토하면서 자신을 알아가고 자칫 조급해질 수 있는 마음을 다스릴 수 있다.

한국 학생들이 어려워하는 영어 강의

...

나와 같이 매우 내성적인 사람도 미국 대학에서 강의할 수 있다면
어느 사람도 할 수 있다. .

누군가 교수직에 도전한다면 강의능력과 경험은 어느 정도 중요할까? 물론 대답은 '학교에 따라 다르다' 이다. 연구중심의 학교는 좋은 논문이 여러 개 있고 잡톡job talk을 무리 없이 수행했다면 강의경험에 큰 비중을 두지 않을 것이다. 반면 강의 중심의 학교는 좋은 논문보다는 강의경험과 능력에 가중치를 둘 것이다.

그렇다면 이런 당연한 얘기를 왜 할까? 미국인들보다 영어에 서툰 한국인으로서 미국대학교에 교수로 임용되고 테뉴어Tenure(종신재직권)를 받기 위해서는 강의능력이 여전히 중요하기 때문이다. 비슷한 연구 성과를 보이는 미국인과 한국인 교수 후보가 있을 때 잡톡에서의 강의(발표) 능력이 최종 판단의 기준이 될 수 있다.

 개인적인 생각으로는 교수로서 한 학생의 인생에 선한 영향을 주는 데는 좋은 논문 열 편보다 한 학기의 열정적인 강의가 더 효과적일 수 있다. 교수가 되고 학생들을 지도하면서 이런 생각에 확신이 든다. 물론 '좋은 교수'가 되기 위해서는 연구 활동에 게으르면 안 된다. 학생들은 교수가 직접 연구한 내용을 수업 시간에 접할 때 집중력도 향상되고 교수에 대한 신뢰도 늘어나기 때문이다. 연구 활동이 힘들어질 때마다 스스로에게도 점검하는 내용이다.

 한국 학생 중에 영어를 잘하고 강의에 달란트를 보이는 학생이 있기는 하다. 하지만 대부분의 한국 학생들은 사람들 앞에서 영어로 자신의 의사를 전달하고 다른 학생들을 가르치는 데 많은 부담과 어려움을 느낀다. 나 역시도 크게 다르지 않았다. GRE 수준 이상의 어휘를 아는 데도 이를 정확한 용례에 따라 활용하는 데 어려움을 겪었다. 단어의 뜻과 용례는 아는데 맞지 않는 발음으로 의미를 정확하게 전달하는 데 실패하기도 했다.

 수잔 케인Susan Cain의 베스트셀러인 콰이어트Quiet: The Power of Introverts in a World That Can't Stop Talking에 보면 한국인을 포함한 아시아계 학생들은 내성적인 성격이 많아서 다른 사람들 앞에서 자신의 의사와 생각을 밝히는 데 어려움을 겪는다고 한다. 이는 외향적인 성격의 사람들이 지배하는 미국 사회에서 아시아계 학생들이, 완벽한 영어 능력이 있음에도 불구하고, 성공하지 못하는 요인이 된다고 한다. 여기에 대학원 유학생들처럼 언어의 장벽이 존재한다면 이런 경향은 더욱 강해질 수밖에 없다. 이처럼 한국 학생들은 이런저런 이유로 영어로 학생들을 가르치는 것에 많은 어려움을 토로한다.

하지만, 미국 대학 교수가 되려면 이런 부담감과 두려움을 떨쳐낼 필요가 있다. 내성적인 성격의 소유자라도 깊은 사고를 통한 통찰력으로 학계에서 충분히 두각을 나타낼 수 있다. 상당수의 미국 대학 교수들이 내성적인 성격을 가지고 있다는 사실이 내성적인 한국 학생들에게 위로가 될 수 있다. 나와 같이 매우 내성적인 사람도 미국 대학에서 강의할 수 있다면 어느 사람도 할 수 있다. 효과적인 강의 기술 연구는 제4장(테뉴어 교수가 되다)에서 더욱 자세히 다루도록 하겠다.

강의와 멘토링 기회를
적극적으로 활용하기

...

강의기회가 없다? 만들면 된다.

당신이 만약 박사과정에서 강의조교(TA)를 할 기회가 있다면 이를 적극적으로 활용하라. 강의조교를 하면서 주어진 강의에 최선을 다하면 예기치 않게 다른 기회의 문이 열리기도 한다. 내가 석사 과정에 있을 때 경제학과에서 한 인도 출신 박사과정 학생이 가르치는 미시경제학 수업을 청강한 적이 있다. 그의 영어 발음에는 인도인 특유의 악센트가 남아있었지만, 강의하는 태도, 학생들을 대하는 진실성, 항상 말끔한 옷차림 등은 많은 학생에게 귀감이 되었다. 그는 꾸준하게 학생들에게 긍정적인 강의 평가를 받고 있었는데 졸업과 동시에 교수직을 잡는 것을 어렵지 않게 예상해볼 수 있었다.

강의기회가 없다? 만들면 된다. 내가 박사과정으로 있었던 텍사스A&M대학교 보건대학원은 당시에 학부과정이 없어서 박사과정 학생들이 강의할 수 있는 기회가 많지 않았다. 나는 블레이크리Dr. Blakely 교수님의 온라인 수업에서 강의조교로 일을 하면서 공동강의자co-instructor로 이름을 올린 정도였다. 물론 연구조교로서 연구에 집중하면서 많은 논문 '거리'를 만들어 낸 것은 분명 소득이다. 하지만, 교수직에 지원할 때 강의 경험이 부족해서 강의계획서를 작성하기가 여간 쉽지 않았다. 의외로 강의 기회는 여러 곳에 있다. 먼저 미국 대학교 내에는 대학원생들의 강의 능력을 향상시켜줄 목적으로 열리는 세미나가 수시로 열린다. 많은 학교는 강의 세미나에 참석하고 일정한 조건만 충족이 되면 강의에 대한 수료증certificate을 수여하기도 한다. 당연히 CV에 기록할 사항이다.

객원 강의guest lecture를 하는 것도 추천한다. 논문을 출판했거나 저널에서 리뷰중인 논문이 있다면 이를 바탕으로 객원 강의 기회를 만들 수 있다. 다른 교수님들의 수업, 자신이 거주하는 도시의 연구 모임, 한국 대학에서도 객원 강의를 할 수 있는 기회는 많이 있다. 객원 강의를 통해서 자신의 연구에서 부족한 점을 찾을 수 있고, 새로운 영감을 얻기도 하며, 다른 연구자와 공동연구를 할 수 있는 기회가 생기기도 한다.

조금 더 적극적인 방법으로 자신이 수강했던 과목 중에서 탁월한 강의를 하신 교수님을 찾아뵙고 강의 조교로 봉사하면서 강의 능력과 경험을 향상시킬 수 있다. 교수님과 같이 수업을 준비하고 객원 강의를 하면서 교수님의 수업 방식을 '흡수' 하는 것이다. 펀드를 받지 않고 강의 조교를 하는 것이기 때문에 강의에 대해서 교수님들이 큰 부담을 주지는 않을 것이다. 물론 흔히 있는 경우는 아니다. 만약 자신이 연구조교의 일을 하고 있다면 먼저 지도교수님께 반드시 양해를 구해야 불필요한 오해를 피할 수 있다. 지도 교수님의 수업을 돕는 것도 생각해볼 만하다.

학회 발표 경험 역시 강의 경력에 포함시킬 수 있다. 학회에서는 구두발표 또는 포스터발표가 있는데 가능하면 구두발표를 신청하고 이를 통해서 자신의 연구를 많은 사람 앞에서 말로 표현하는 기회를 자주 만들면 좋다. 객원 강의처럼 자신의 연구에 건설적인 피드백을 받을 수 있고 잠재적인 공동 연구자를 만날 수도 있다.

박사과정 전후의 학회 발표가 특히 중요한데 이는 자신이 이미 취업시장에 나가 있기 때문이다. 많은 학교에서(특히 경제학과) 주요 학회를 통해 교수임용 면접을 진행하기도 한다. 이때의 발표는 교수직을 얻는 데 결정적인 역할을 하는 것은 분명하다. 발표가 탁월한 경우 청중으로 있던 교수가 자신의 학교에 신임 교수로 지원해보라는 권유를 하기도 한다. 이런 이유로 짧은 발표 시간 동안 자신의 모든 역량을 보여줘야 한다. 영어 발표능력 향상 방안에 대해서는 제2장

(대학원 유학을 떠나다)에서 소개했다.

  박사과정 중에 가장 많이 놓치는 부분이 바로 멘토링이다. 교수 임용 광고를 자세히 읽어보면 해야 할 일job description 중에서 강의와 함께 학생들 멘토링이 언급되어 있다. 나는 유학 중에 혼자서 살아남기도 바빴기 때문에 누군가의 멘토가 되는 것은 꿈에도 생각하지 못했다. 다행히 박사후과정에서 지도교수님이 자신의 수업과 연구 모임에서 내가 멘토링 경력을 쌓도록 도와주셨다. 한 학기에 한두 명의 학부 또는 석사 학생들을 지도할 수 있는 길을 찾으면 좋다. 강의조교나 연구조교를 하면서 만나는 학생들에게 해당 수업뿐만 아니라 학교생활과 졸업 후 진로에 대해서 자연스럽게 얘기하면서 멘토링의 역할을 하면 된다. 물론 이 모든 사항을 CV에 기록으로 남긴다.

이제 당신은 취업시장 job market에 나왔다

…

유학생으로 응시할 때 보다 더욱 신중하고 정확하게 움직여야 하다.
이제 당신은 학생이 아니라 박사이자 '프로'이기 때문이다.

수많은 시험을 통과하고 이제 박사 논문만 쓰면 된다. 축하한다! 이제 당신은 PhD(c)이다. 박사 후보자candidate가 된 것이다. 박사과정 수료ABD: all but dissertation, 즉 박사 학위를 받기 위해서는 논문 디펜스만 남았다고도 표현한다. PhD(c)가 되면 공식적으로 구직활동을 시작할 수 있다. 지도교수님과 보조를 맞춰서 지원할 대학을 찾는다. 앞서 소개한대로 박사과정 내내 구직사이트를 방문했다면 이미 지원할 대학을 찾았을 거다.

지원할 학교를 엑셀MS Excel로 정리한다. 제1장(유학을 준비하다)에서 유학을 위해 엑셀을 활용한 것처럼 필요한 정보를 기재해 나간다.

학교 이름, 마감 기한, 필요서류, 추천서 개수, 수신인, 전화인터뷰, 현장면접(onsite interview 혹은 campus visit) 등의 정보를 기재한다. 유학생으로 응시할 때 보다 더욱 신중하고 정확하게 움직여야 한다. 이제 당신은 학생이 아니라 박사이자 '프로'이기 때문이다. 수신인의 이름이 틀리거나 CV같이 중요한 서류에 오류가 있다면 당신에 대한 부정적인 인상으로 이어질 수 있다.

Status	Institution	Due date	Action Needed	Dept	Job title	Description	Eligibility	Documents	Appropriateness (1-5)
Contacting & Updating	Duke U.	1-Nov	Email	School of Public Policy (Health Disparities)	Assistant Prof.	Racial/ethnic/SES health disparities & Policy implications	Ph.D. in haelth policy & public policy	A letter of application/CV/Writing Sample/3 letters of recommendation	5
Referred to Dr. Fortney & Sent my CV and Psycho paper	U of Arkansas for Medical Sciences	ASAP	Email	College of Public Health (Health Policy and Management)	Assistant Prof.	Education/research including health economics, health disparities, rural health, public health delivery system, long-term care, and quality improvement	Ph.D. in health	CV/a letter of background-prof interests/list of at list 3 three possible references	5
Contacting & Updating	Bush School	1-Oct	Mail	Public Service & Administration	Assistant Prof.	Public Policy Analysis; research including health (qualitative & quantitative research)	Ph.D	Letter of interest/CV/3 Letters of recommendation/sample research work	5
Campus visit at Jan 31st!!! But not sure tenured or not.	UTMB	30-Sep	Mail	Family Medicine Research	Assistant Prof.	Early disease detection, chronic disease management, pharmacoepidemiology in primary care	Ph.D./ experience in clinical or community-based research and funded research	Letter of interest/CV/Contact information for 3 professional references	5
Contacting & Updating	Washington U.	1-Oct	Email	School of Public Health	Assistant Prof.	Health policy	Ph.D./Teach at Master's and Ph.D. levels/Commitment to research	Cover letter/Research agenda/CV/3 lists of references/3 writing samples	5
Job disappeared	Temple U.	ASAP	Mail	Dept of Public Health	Assistant Prof.	health policy (environmental health, global health) (demonstrating strong quantitative and qualitative skills/teaching and research commitment)	Ph.D. in public health, health policy, or health services	A letter of intent (Teaching philosophy/Research Agenda)/CV/3 letters of reference/Sample of Scholarship	5
Contacting & Updating	U of Memphis	1-Nov	Web site	Health Services & Systems Research	Assistant Prof. of Health Services & Systems Research	Successful candidate will conduct research, teach graduate level course, and mentor students. Expected to develop an externally funded program	Ph.D. in Health Services Research (Preferable specialization: health policy)	a letter of application (research & teaching interest)/ CV/ 3 email addresses of reference providers/ copies of representative publications	
Contacting & Updating	U of Oklahoma HSC	31-Oct	Mail or Email	Health Administration & Policy	Assistant Prof. Policy	The department is seeking scholars with outstanding potential in research and teaching. Ph.D. in health services research	Ph.D. in Health Services Research (healthcare policy)	Cover letter/resume/3 references	5
Contacting & Updating	Penn State U.	ASAP	Mail or Email	Health Services Research	Assistant Prof. of Health Services Research	Methodological skills; Skills in the authorship and manuscripts; Extramural funding is recommend but not required	Ph.D. in Health Services Research	Cover letter/CV/Contact information of 3 reference providers	5
Contacting & Updating	Georgia State U.	15-Dec	Email	Institute of Public Health (Social & Behavioral Sciences)	Assistant Prof. of Public Health	Must have demonstrated potential for excellence in teaching and developing a research program; Academic advisement to graduate students; Analytical skills	Ph.D. in Public Health	Cover letter (interest; qualification)/ CV/ 3 professional references	5

▲교수로 지원할 학교 사항 업데이트

미국 대학의 학사 일정은 보통 가을학기인 8월 말부터 시작되기 때문에 교수 충원도 가을 학기에 맞춰서 이루어진다. 취업시장은 일 년 내내 열리지만, 주로 가을에 교수직이 광고되고 겨울까지 원서를 받는다. 원서를 내고 일이 잘 진행되면 겨울에는 전화면접을, 봄에는 현장면접을 갖게 된다. 전화면접에는 채용할 인원의 5~7배수 정도를, 현장면접에는 2~3배수를 뽑는다. 전화면접에 초대되었다면 적어도 서류상으로는 '경쟁력이 있다'고 판단해도 된다.

임용이 확정되면 늦은 봄이나 초여름에 임용 축하 메시지를 받고 취업서류에 사인하게 된다. 8월에 학기가 시작되니 적어도 7월에는 학교 근처로 이사를 해야 한다. 물론 7월 이전에 학교와 도시를 다시 방문second campus visit해서 집을 구하고 자녀가 있다면 학군을 참고해서 자녀가 다닐 학교를 알아봐야 한다. 이사 갈 도시에 한국 교회가 있다면 일요일에 방문해서 집과 학군 등에 대한 생생한 정보를 얻는 것도 좋은 방법이다.

테뉴어 트랙으로 임용되는 경우라면 5년 이상은 그 도시에 거주할 가능성이 크다. 그러니 1년 정도는 아파트에 살면서 집을 알아보고 2년 차에는 집을 사는 것이 좋다. 미국에서 집을 사고 5년은 거주해야 부동산 거래 비용으로 인한 손해를 입지 않는다. 나는 처음 4년을 아파트에서 살다가 5년 차에야 집을 사서 이사를 했는데, '집을 좀 더 일찍 살 것을'이라고 후회했다.

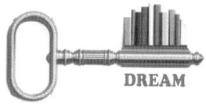

교수채용위원장과의 의사소통

...

'미리미리, 조금씩 조금씩'의 자세가 미국 대학 교수 임용과정에서도 필요하다.

지원할 학교가 너무 매력적이거나 혹은 지원 분야가 자신의 전공과 차이가 나서 지원을 고민하고 있다면 어떻게 해야 할까? 이럴 때는 교수채용위원장search committee chair에게 CV를 첨부해서 이메일로 먼저 문의하는 것이 좋다. '귀교에 관심이 있는데, 내 전공과 연구 분야가 당신들이 뽑는 조건과 맞는지 CV를 검토해 달라'고 하면 된다. 만약 채용위원장이 당신의 CV를 보고 좋은 인상을 받았다면 다른 채용위원들search committee members도 CV를 회람한 후에 연락을 준다. 이런 과정은, 수많은 지원자 중에서 채용위원회에 나의 존재를 먼저 알릴 수 있다는 장점이 있다.

취업시장에 나가 있는 경우 그리고 지도교수님의 신망을 얻고 있다면, 지도교수님을 통해서 교수직이나 박사후과정에 대한 정보를 얻기도 한다. 교수님이 자신이 속해있는 연구 커뮤니티나 친분이 있는 다른 학교 교수님들로부터 연락을 받아서 자신의 제자들 중에 적임자를 추천한다. 비록 이 지원자에게 가산점을 주면서 임용에 도움이 되는 경우는 거의 없지만 채용위원회에 지원자의 이름을 미리 알리는 효과가 있다. 어떤 식으로든 지도교수님과 한 팀을 이뤄서 학교를 찾고 지원하는 것이 중요하다.

서류를 접수하면서 교수채용위원장에게 짧은 감사의 내용을 적으면 좋다. '귀교에 지원하게 되어서 기쁘게 생각한다.' 물론 다분히 형식적 내용이기는 하지만, 이 짧은 이메일을 시작으로 채용위원장과 지속적인 연락을 취할 수 있다. 임용 절차가 지지부진하다면 앞서 보낸 이메일에 응답하는 식으로 임용에 대한 진행 상황을 확인할 수 있다. 하지만, 너무 조급한 모습을 보이거나 불필요하게 자주 연락하는 것은 지원자에 대한 부정적인 인상을 심어줄 수 있기 때문에 주의해야 한다.

서류를 접수했다면 이제 기다리는 일만 남았다. 필요한 서류와 각 서류별 전략은 이후에 소개하겠다. 무작정 기다릴 수는 없으니 다른 임용 기회도 찾아보면서 엑셀 파일을 계속 업데이트해나간다. 기다리는 시간이 지루하고 긴장도 되지만, 이 시간을 통해서 박사 논문을 마무리하고 논문 출판에 전력을 기울이면서 자신의 '시장성'을 계속 향상시켜 나간다.

또한 미리 다음 단계, 즉 전화면접과 잡톡 슬라이드의 초안을 만들어 두면서 시간을 조금이나마 벌어두는 것도 좋다. '미리미리, 조금씩 조금씩'의 자세가 미국 대학교수 임용과정에서도 필요하다.

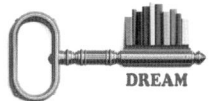

CV curriculum vitae에 들어갈 내용

...

어떤 경우에도 CV의 내용이 좋아야 하다.
출판된 논문이 한 편도 없이 매끈하게 잘 만든 CV는 환영받지 못한다.

미국 대학에 지원할 때 제출하는 기본 서류는 자기소개서(cover letter 또는 personal statement), CV, 세 통의 추천서를 포함한다. 학교에 따라서 연구계획서research statement, 강의계획서(teaching statement 또는 teaching philosophy), 그리고 출판되었거나 저널에 투고한 대표 논문들을 요구하기도 한다. 제출서류가 학교마다 다르기 때문에 가능한 다양한 서류들을 미리 만들어 놓고 학교에 따라서 내용을 수정해 가면서 제출한다. 일반적인 내용을 담고 있기보다는 '왜 이 학교에서 나를 임용해야 하는가' 라는 질문에 대해 대답을 할 수 있는 지원서류가 분명 매력적이다.

이 중 가장 중요한 서류는 CV이다. 제한된 시간 때문에 교수채용위원회에서는 먼저 CV를 통해서 지원자들의 '기초체력'을 살핀다. 출신학교와 지도교수, 출판된 논문, 그리고 강의 경험 등을 검토하면서 전화인터뷰 대상자로 최종 선발 인원의 5~7배수를 뽑는다. CV에서 미흡한 부분은 다른 서류들을 검토하면서 지원자를 파악하기도 하지만 기본 서류는 여전히 CV이다. 현장면접이나 잡톡에서 참석자들에게 배포되는 것도 바로 CV뿐이다. 이런 이유로 CV를 잘 만들고 수시로 업데이트하면서 서류 지원을 미리 준비하는 것이 중요하다. 어떤 경우에도 CV의 내용이 좋아야 한다. 출판된 논문이 한 편도 없이 매끈하게 잘 만든 CV는 환영받지 못한다.

그렇다면 CV에는 어떤 내용이 들어가야 하며 이를 어떻게 배치해야 지원한 학교에 좋은 인상을 줄 수 있을까? CV의 절대 형식은 없다. 다만, 일단 첫 페이지에는 지원자의 인적 사항(주소, 연락처)을 적는다. 혹시 지원자가 영주권자이거나 시민권자일 경우 이를 적어주면 좋다. 박사후과정에서 교수에 지원하는 경우라면 현재 직위 Current Professional Position에 이를 먼저 기록한다. 지도교수님 이름과 함께 자신이 현재 수행 중인 프로젝트를 간략하게 기록한다. 박사를 갓 졸업한 경우 학력Education부터 적는다. 박사부터 학부까지 적어준다. 박사 이력에는 학교 이름, 박사 논문의 제목과 함께 지도교수님의 이름을 기록한다.

CV: Name, Credentials

CURRICULUM VITAE
Name, Credentials

ADDRESS

CURRENT PROFESSIONAL POSITION
EDUCATION
SPECIALIZED PROFESSIONAL COMPETENCE
SUBSTANTIVE EXPERTISE:
METHODOLOGICAL EXPERTISE:
ADVANCED METHODOLOGICAL TRAINING
HONORS, AWARD, AND RECOGNITION
RESEARCH
    RESEARCH EXPERIENCE
    ONGOING RESEARCH SUPPORT
    ONGOING COMMUNITY/TEACHING SUPPORT
    GRANTS UNDER REVIEW
    COMPLETED RESEARCH SUPPORT
    TRAVEL/PUBLICATION GRANTS AWARDED
    GRANT APPLICATIONS UNFUNDED
    JOURNAL (EDITORIAL) REVIEW BOARDS
    REFERRED PUBLICATIONS
    BOOK CHAPTERS
    SUBMISSIONS UNDER REVIEW
    REFERRED PUBLISHED ABSTRACTS
    WORKS IN PROGRESS
    WEBINAR PRESENTATION
    PEER REVIEWED RESEARCH PRESENTATIONS
    WHITE PAPERS, RESEARCH REPORTS, & TECHNICAL REPORTS
TEACHING
    COURSES TAUGHT:
    GUEST LECTURES:
STUDENT ADVISING/MENTORING
  PhD Programs
  MPH/MHA
PROFESSIONAL EXPERIENCE
    WORK EXPERIENCE
    MILITARY EXPERIENCE
REVIEW ACTIVITIES
    GRANT REVIEW ACTIVITIES
    JOURNAL REVIEW ACTIVITIES
    GUEST REVIEW ACTIVITIES
PROFESSIONAL MEMBERSHIPS
LANGUAGE SKILLS
SERVICE & VOLUNTEER EXPERIENCE

Updated November 19, 18

▲CV에 들어갈 사항

이후에는 다음 사항들을 적되, 지원자의 강점과 지원할 대학의 요구 조건에 따라 중요한 것부터 덜 중요한 사항 순으로 기록한다. 대략, 특기 사항Specialized Professional Competence, 수상경력Honors/Award/Recognition, 연구Research, 강의Teaching, 업무경력Professional Experience, 봉사활동Service/Volunteer Experience, 추천인Reference List 순으로 기록을 한다. 특기 사항에서는 내용적 전문분야substantive expertise와 방법론적 전문분야Methodological expertise를 기록하는데 지원할 대학의 임용분야에 맞춰 내용에 변화를 준다. 지원자가 노령화Aging, 국제 보건 International Health, 건강증진Health Promotion에 내용적 전문분야가 있다고 가정하고 지원할 대학이 건강증진Health Promotion 분야의 교수를 뽑고자 한다면 이를 제일 먼저 배치하는 식이다. 수상경력에는 수여한 장학금이나 상 등을 최신 것부터 기록한다.

무엇보다도 연구항목이 가장 중요하다. 연구경력에는 연구 조교와 같은 기존의 연구 경험을 최신 것부터 시간순으로 기록하고 수주했거나 참여하고 있는 연구Ongoing Research Support 프로젝트가 있다면 이를 기록한다. 가능하면 지원받은 금액을 달러 및 센트 단위까지 기록하면서 지원자가 연구비를 수주할 잠재성이 있음을 강조한다. 미국 대학에서는 교수의 연구 역량을 수주한 연구비 규모로 판단하는 경우가 많다. 대학임용뿐만 아니라 임용 후 테뉴어 심사에서도 마찬가지다. 또한 연구비를 신청했다가 수주에 실패한 펀드Grant Applications Unfunded도 기록하면서 연구비 수주를 위해 꾸준히 노력했다는 점을 보여준다. 주연구자PI: Principal Investigator나 공동주연구자(Co-PI)로 신청했거나 진행 중인 프로젝트가 있다면 이를 강조해주면 유리하다.

하지만, 박사졸업생들은 수주한 펀드가 없는 경우가 대부분이기 때문에 자신의 논문 파이프라인pipeline을 보여주면서 자신이 활발한 연구를 수행하고 있음을 보여준다. 출판된 논문Referred Publications, 저널에 투고 후에 리뷰중인 논문Submissions Under Review, 그리고 현재 진행 중인 논문Works in Progress 순으로 기록한다. 만약 출판된 논문이 충분하고 지원하는 대학에서 특별히 뽑고자 하는 분야(예를 들어 노령화Aging)가 있다면 이 분야의 항목을(예를 들어, 노령화 분야 출판Publications in Aging) 따로 떼어내서 배치한다. 지원하는 학교에서 먼저 이 논문들을 눈여겨볼 것은 당연하다. 학회에서 발표한 연구Peer Reviewed Research Presentations를 다음으로 기록한다. 특히 연구 중심의 대학에 응시한 경우 연구 분야를 집중적으로 강조해야 한다.

강의와 멘토링 항목 역시 중요하다. 가르친 과목이 있다면 과목 이름과 수업의 내용을 간략하게 적는다. 보통은 가르친 강의에 대한 학생들의 강의 평가 점수를 기록하지 않지만, 특별히 강의능력을 강조하고 싶다면 간혹 점수를 강조한다. 객원 강의와 멘토링 경험도 기록한다. 봉사활동 사항은 크게 중요하지 않지만, 지원자의 품성뿐만 아니라 멘토로서의 경험을 보여주는 좋은 보조 자료로 활용된다.

이 사항들은 CV의 '양'을 늘리는 데 필요한 부분이기도 하다. 마지막으로 추천인Reference List을 통해 지원자를 가장 잘 아는 교수님들의 이름과 연락처를 적는다. 보통 이분들이 지원자에 대한 추천서를 써준다.

정리하면, 지원자의 CV를 사실대로 기록하되 자신의 강점과 지원하는 학교에서 바라는 사항을 강조하면서 CV를 구성한다. 같은 선물이라도 어떻게 포장하느냐에 따라 선물의 가치가 달라지는 것과 비슷하다.

자기소개서에서 밝힐 내용

...

아마도 내가 당신들이 찾는 적임자일 수 있다.

　자기소개서(cover letter 혹은 personal statement)를 제출하면서 대학에 '공식적'으로 지원하게 된다. 먼저, '귀교에 지원하게 되어서 기쁘다'는 다소 형식적인 인사말로 시작한다. 'OO대학에서, OO교수님 지도하에 OO분야에서 박사학위를 받았고 현재는 OO직위로 OO연구를 담당하고 있다'라고 간략하게 자신을 소개한다. 미국국립보건원(NIH)의 특정한 연구비를 받은 프로젝트에서 일하고 있다면 이를 적극적으로 밝힌다. 이 프로젝트에서 내가 기여한 부분과 내가 현재 수행하고 있는 일을 소개한다. 다음으로 연구, 강의경험, 봉사활동 세 분야에서 두 장 분량으로 자기를 소개한다.

먼저 자신의 연구 경험과 성과를 한 문단으로 요약해서 기술한다. 자신의 전문 영역을 언급하면서 지원하는 학교에서 찾고 있는 분야에 대한 지원자의 경험을 특별히 강조한다. 받은 연구비가 있다면 자세하게 기술하고 이와 관련된 자신의 대표 논문 한두 편을 간략하게 소개한다. 출판된 논문이 어떤 면에서 의미가 있고 지원자의 장래 연구에 어떻게 영향을 미칠지를 서술한다. 또한 연구의 양적인 면에서 지원자의 자격을 밝힌다. '현재 OO개의 논문이 OO저널들에 출판이 되어 있고, OO개의 논문이 리뷰 중이며, OO개의 논문을 쓰고 있다'고 서술한다.

다음으로 강의와 멘토링 경험을 또 다른 한 문단으로 기록한다. 가르쳤던 과목이 있다면 학생들의 강의 평가와 논평을 기록하고 강의 경험이 없다면 객원 강의, 학회 발표, 강의 세미나 참석 등을 기술하면서 자신의 잠재적인 강의 능력을 어필한다. 봉사활동 및 자원 봉사 사항을 한 문단으로 기록하면서 지원자의 삶에 대한 태도와 품성을 보여주는 기회로 삼는다. 자신만의 특이한 이력이 있으면 짧게 한 문단으로 기록하면 좋다. 나의 경우 주한 미8군에서 카투사로 복무했던 경험과 글락소스미스클라인GlaxoSmithKline 한국지사에서 영업했던 경험을 기록했다.

마지막 문단이 가장 중요할 수 있다. '지원할 학교의 취업공고job announcement를 보니 이런 분야의 사람을 찾고 있는데, 위에 기술한 내용을 근거로 아마도 내가 당신들이 찾는 적임자일 수 있다'고 말한다. 왜 자신이어야만 하는지를 간략하게 기술한다. '다시 한번 귀교에 지원하게 되어서 기쁘게 생각한다'고 말하면서 자기소개서를 마무리한다.

연구계획서에서 밝힐 내용

...

지원자의(잠재적인) 연구비 수주 능력을 강조하는 것이 핵심이다.

연구계획서Research Statement에서는 지원자의 과거 현재 그리고 미래의 연구를 소개한다. 특별히 지원자의(잠재적인) 연구비 수주 능력을 강조하는 것이 핵심이다. 자기소개서와 마찬가지로 '귀교에 지원하게 되어서 기쁘게 생각한다'고 편지를 시작한다. 지원자가 '현재 어떤 일을 하고 있으며 자신의 연구가 세상에 어떻게 쓰이기를 바란다'고 포부를 밝힌다.

다음부터는 자신의 연구를 키워드별로 기술하되 한 키워드당 한 문단으로 요약한다. 또한 나열한 연구 키워드가 서로 연관을 맺고 있다는 것을 보여줄 필요가 있다. 내 경우 취약인구vulnerable population, 건강 커뮤니케이션health communication, 복합만성질환multiple chronic conditions, 그리고 비만obesity을 키워드로 잡고 연구를 소개했다. 어떤 이유로 해당 연구에 관심을 두게 되었는지, 이 관심이 어떤 노력으로 이어졌는지, 연구 노력은 어떤 성과(논문 투고/출판, 연구비 투고/수주)를 냈는지를 기록한다. 연구 노력에 대한 구체적인 성과를 보여주는 것이 중요하다.

혹시, 중간에 연구 분야가 바뀌었다면 어떤 계기가 있었는지를 서술해주는 것이 필요하다. 나 같은 경우에는 노인비만으로 박사학위를 받았지만, 박사후과정에서 만성질환자가 관리 프로그램Chronic Disease Self-Management Program을 진행하는 오리 교수님Dr. Ory을 만나면서 연구 분야가 만성질환으로 확대 발전되었다. 연구계획서에서 이를 밝혔다.

연구계획서를 마무리하기 전에, 위에 기술한 과거와 현재 연구를 바탕으로 지원하는 학교에 임용된 후에는 어떤 연구를 할 것인지를 언급하는 것이 필요하다. 어느 분야에서 어떤 계층을 상대로 연구하겠다는 계획을 표로 정리해서 연구 계획서에 포함한다.

또한 장래 연구를 설명하면서 어느 연구비 수단funding vehicle(예를 들어, NIH R03 Grant)으로 이를 구현할 것인지를 설명하는 것이 필요하다. 연차별로 '어떤 연구를 수행하기 위해 어느 연구비를 목표로 하고 있다'고 구체적으로 밝히는 것이 좋다. 예를 들어, 첫해에는 NIH R03 Grant(연구 이름: "OOO"), 두 번째 해에는 NIH R21 Grant(연구 이름: "OOO"), 세 번째 해에는 NIH R01 Grant(연구 이름: "OOO")에 연구비 제안서를 제출하겠다고 밝힌다.

SangNam Ahn, Ph.D., M.P.S.A.

RESEARCH INTERESTS

Aging and Nutrition
Childhood Obesity
Health-related Behavioral Interventions
Chronic Diseases Self-Management
Healthy Aging

RESEARCH MATRIX FOR MANUSCRIPTS AND FUTURE FUNDING

Population	Developed Countries		Developing Countries	
Cognate	Middle and Older Adults	Children or Young Adults	Middle and Older Adults	Children or Young Adults
Obesity	⊙	★	⊙	★
Nutrition and the Elderly	⊙		⊙	
Chronic Disease	⊙	★	⊙	★
Successful Aging	⊙		⊙	
Oral Health	⊙	⊙	★	★
Health Communication	⊙	★	★	★

Notes: ⊙: Worked/Working; ★: Work Planned

▲과거, 현재, 미래의 연구 정리표

　지원하는 학교에 지원자와 비슷한 연구를 하는 교수가 있으면 그분의 이름을 언급하면서 공동 연구에도 관심이 있다고 밝힌다. 마지막으로 양질의 논문과 풍부한 연구비를 수주하면서 귀교의 연구 활동에 기여하고 싶다고 말하면서 연구계획서를 마무리한다.

수업계획서에 들어갈 내용

...

학생들의 자유로운 토론을 이끌어낼 수 있는 수업환경을 만들겠다고 했다.

마지막으로 제출할 서류는 수업계획서Teaching Statement이다. 저는 먼저 멘토와 선생님으로서 스스로 갖고 있는 세 가지 강의 철학teaching philosophy을 세 문단에 걸쳐서 표현했다.

우선 학생들이 보건 정책을 올바르게 평가하는 방법을 가르치겠다고 했다. 효과effectiveness, 효율efficiency, 형평성equity, 정치적 실현 가능성political feasibility의 네 가지 평가 항목을 통해 다양한 보건 정책이 어떻게 측정되는지를 가르치겠다고 밝혔다. 내가 텍사스A&M대학교 부시스쿨에서 정책분석학Policy Analysis을 공부할 때 배운 사항이었다. 둘째 보건 관련 데이터가 어떻게 해석되고 사용될 수 있는지를 가르치겠다고 했다. 자료를 해석할 때 개인의 가치관이 크게 개입되는 예를 보여주면서 자료 해석의 중요성을 강조하겠다고 밝혔다. 마지막으로 학생들이 자신의 생각을 자유롭게 표현할 수 있도록 돕겠다고 했다. 이를 위해서 학생들의 자유로운 토론을 이끌어낼 수 있는 수업환경을 만들겠다고 했다.

위에 기술한 강의 철학을 근거로 지원할 대학에서 가르칠 수 있는 수업을 언급했다. 이를 위해서 지원하는 대학의 석사 및 박사과정 커리큘럼과 교수들이 현재 가르치는 과목을 살펴볼 필요가 있다. 많은 경우에 학과 홈페이지에 이런 정보가 나와 있으니 참고한다. 전혀 감이 오지 않을 때는 교수채용위원장에게 연락을 취해서 가르칠 과목에 대한 힌트를 얻는 것도 좋은 방법이다.

전화 또는 화상면접

...

웃는 사람 얼굴에 침을 못 뱉는다는 진리는 미국에서도 통한다.
웃으면 정말로 복이 온다.

전화(또는 화상)면접에 초대되었는가? 축하한다! 그동안의 노력에 대한 작은 보상이니, 잠시나마 축하하는 시간을 갖고 가족과 함께 근사한 저녁 식사를 해도 좋다. 이 단계까지 왔다는 것은 '당신을 교수로 임용해도 서류상으로는 큰 문제가 없다'는 것을 의미한다. 이제 본격적으로 면접 준비를 해야 하는데, 자신에 대한 간단한 소개를 준비한다. '지원서를 제출하면서 내 소개는 이미 할 만큼 했다'고 생각하겠지만, 전화면접에서 교수채용위원들은 지원자가 육성으로 자기소개를 하는 것을 듣고 싶어 한다. 짧은 자기소개에서 지원자의 영어 실력은 물론이고, 태도나 품성까지도 드러날 수 있다.

나에 대한 소개를 한 두 문장으로 간략하게 준비한다. 자신의 연구에 대해서도 두세 문장으로 요약해서 준비한다. 인간관계에서 첫인상이 가장 중요하듯이, 전화면접에서도 처음 순간이 지원자에 대한 인상을 좌지우지할 수 있기 때문에 제대로 준비해야 한다.

지원자의 간단한 소개가 끝나면 지원자의 연구에 대한 질문이 이어진다. 이를 위해서 제출한 연구계획서의 내용을 충분하게 숙지하면서 계획서에서 밝힌 연구 키워드별로 답변을 준비하면 된다. 출판했거나 저널에 투고한 논문을 간단히 소개하면서 준비하고 있는 연구비 제안서에 대해 간단하게 밝힌다. 아무래도 '연구비'가 핵심이다. 자신에 대한 소개를 준비하면서 지원하는 학교와 학과 그리고 미래의 동료가 될 수 있는 교수들에 대한 사항도 꼼꼼히 알아두는 것이 좋다. 교수채용위원들의 이름을 안다면 이분들에 대해서도 공부한다. 한 가지 팁이 있다면 목소리와(혹은 얼굴과) 이름을 일치시키고 인터뷰 중에 채용위원들의 이름을 불러준다. 이와 같은 적은 노력은 달콤한 열매로 보상받을 수 있다.

전화나 화상 인터뷰는 짧게는 15분 길게는 30분 정도이기 때문에 깊이가 있는 대화가 오고 가기는 어렵다. 외국인 지원자의 경우는 인터뷰를 통해서 영어 소통 능력을 점검받기도 한다. 그렇다고 해서 영어를 너무 잘하려고 하면 어투가 경직되고 오히려 실수할 수 있다. 차라리 '떨어져도 좋다'는 가벼운 마음으로 본인의 생각을 자신감 있게 또박또박 전달하면 된다.

상대방의 표정을 읽기 어려운 전화나 화상 인터뷰의 경우 영어 말하기보다는 듣기가 더욱 중요하다. 자칫 집중력을 잃으면 상대방의 질문을 잘 못 이해하는 경우가 생기고, 엉뚱한 대답을 내놓을 수 있기 때문이다. 잘 못 알아들었을 경우, 다시 한번 얘기해달라고 하는 것은 결코 결례가 아니다. 특별히 어느 부분을 듣지 못했다고 구체적으로 밝힌다. 대답할 때는 너무 장황하게 말하면 오히려 감점될 수 있다. 되도록 간결하게 그렇다고 너무 짧지는 않게 대답하면 된다.

또 한 가지, 전화인터뷰에서 범하기 쉬운 잘못은 분위기를 띄우려고 농담을 하는 경우이다. 채용위원들이 전화상으로는 웃어줄 수 있지만, 그들의 표정을 읽기 어려운 만큼 잘못된 판단을 하는 경우가 생긴다. 나 역시 전화면접에서 필요 없는 농담(지원하는 학교의 미식축구 관련)을 던졌는데 이미 활은 시위를 벗어났고 주워 담기 힘들게 되었다. 순간 분위기가 싸늘해졌고 아니나 다를까 이 학교의 현장면접에 초청받지 못했다.

전화인터뷰를 마무리하면서 지원자가 질문할 기회를 얻게 된다. 이 기회를 적극적으로 활용하기를 바란다. 질문이 없어도 질문을 해야 한다. 질문이 없다고 하면 '이 지원자가 우리 학교에 큰 관심이 없구나'라고 생각할 수도 있기 때문이다. 민감한 질문들(예를 들어, 연봉)

은 피하고 가르칠 수업, 학생 수, 신임 교수들에 대한 교내 멘토링, 앞으로 교수임용 일정들에 대해서 두세 가지 질문을 던지면 된다.

혹시, 화상 인터뷰를 하게 되면(현장면접도 마찬가지이다.) 될 수 있으면 웃는 표정으로 임하라. 웃는 사람 얼굴에 침을 못 뱉는다는 진리는 미국에서도 통한다. 웃으면 정말로 복이 온다.

현장면접에 초대되다

...

저녁 식사를 통해 채용위원들은 지원자의 인성과 의사소통 능력을 본다.
채용해서 같이 생활할 수 있는 사람인가를 확인한다.

드디어 현장면접에 초대되었는가? 진심으로 축하한다! 지원하는 학교의 수준에 따라 다르겠지만, 수백 명이나 되는 지원자 중에서 이제 Top Three가 된 거다. 한 학교에서 현장면접까지 갔다면 다른 학교에서도 곧 좋은 소식이 들려올 것이다. 현장면접은 보통 1박 2일로 진행된다. 면접은 저녁 식사와 다음날 아침 식사에서부터 시작이 되고 다음날 하루 종일 면접이 이루어진다. 가장 중요한 잡톡은 오전이나 점심 식사 이후에 진행되고 현장면접 일정은 보통 채용위원회와 함께 출구면접exit interview을 하면서 마무리가 된다.

첫 면접은 저녁 식사부터 시작된다. 지원할 학교가 있는 도시의 공항에 오후 1시~2시경에 지원자가 도착하면 채용위원장이 마중을 나와 있다. 차량 편으로 숙소에 도착해서 여장을 푼 후에 저녁 5시~6시경에 저녁 식사 장소로 이동을 한다. 이미 다른 채용위원들이 도착해있다. 채용위원들과 함께 하는 저녁 식사는 비공식적인 면접으로 격식에 얽매이지 않지만, 면접은 면접이기 때문에 항상 미소를 지으며 모든 대화에 진지하게 임해야 한다.

저녁 식사를 통해 채용위원들은 지원자의 인성과 의사소통 능력을 본다. 채용해서 같이 생활할 수 있는 사람인가를 확인한다. 따라서 사적인 대화들이 오간다. 가족에 대한 얘기는 매우 좋다. 처음 만난 사람과 친해지기에는 가족 얘기만 한 게 없다. 자녀가 있다면 아이가 다닐 학군 등을 물어본다. 미국에서는 패밀리 가이family guy가 많을뿐더러 가족을 소중히 여기는 사람을 선호한다. 날씨는 대화를 시작할 때 언제나 좋은 얘깃거리이고 남자 교수들이 많이 참석했다면 스포츠 얘기도 좋다. 지원할 학교와 도시의 스포츠 팀에 대해서 미리 공부하고 가면 유용하다.

자연스러운 대화를 위한 또 한 가지 팁을 말하자면 해당 도시에서 발행되는 신문을 일주일 치를 읽고 가면 여러모로 도움이 된다. 날씨와 가족 얘기만 계속할 수는 없기 때문이다. 지역신문을 통해 그 도시와 대학의 현안에 익숙하다면 다양한 얘기를 쉽게 풀어나갈 수 있다.

현장면접에서 주의할 점

...

학교에서 만나는 모든 사람이 나를 평가하는 사람이라는 것이다.
학생은 물론이고 청소하시는 분들께도 공손한 모습을 보여야 하는 이유이다.

 몇 가지 주의할 사항도 있다. 가족 얘기는 자발적으로 꺼낼 수는 있지만, 상대방의 가족관계는 물어보지 않는 것이 좋다. 법적으로 채용위원들도 지원자의 가족관계를 먼저 물어볼 수 없게 되어있다. 혹시 모를 지원자에 대한 차별을 예방하기 위함이다. 동성애와 이혼 등의 이슈로 인해 오늘날 미국 사회는 '가족'이 어느 때보다 민감한 주제가 되어버렸다.
 정치와 종교에 대한 대화는 가능하면 피하는 것이 좋다. 보수적인 지역에 대학이 위치하는 경우에도 대학교수들은 진보적인 인사의 비율이 높다는 점을 알아두면 좋다. 할 수만 있다면 절제되고 재치 있는 농담도 나쁘지 않다. 전화면접 때와는 달리 사람과 사람이 대면

해서 만나는 자리이기 때문에 적절한 농담은 대화를 부드럽게 할 수 있다. 하지만, 과도한 농담은 언제나 금물이고 말을 가려서 할 필요가 있다.

이와 관련해서 저녁 식사 자리에서 술을 마시는 것은 주의가 필요하다. 자칫 긴장이 너무 풀려서 불필요한 말실수를 할 수 있기 때문에 많은 지도교수님은 저녁 식사 현장 면접에서 술을 마시지 말라고 조언한다. 몇 년 전에 교수 임용 심사를 할 때였다. 예전에 제약회사를 다녔다고 소개한 교수 지원자가 있었다. 분위기가 좋아지자 이 지원자는 자신이 영업할 때 의사들에게 뒷돈을 주면서 영업 실적을 끌어올렸다고 자랑하듯 '고백' 했다. 이 말실수 때문에 이 지원자는 결국 임용되지 못했다. 또한, 교수들은 수많은 질문을 하면서 지원자에게 '어서 식사하시라'고 권한다. 그렇다고 주문한 음식을 앞은 자리에서 다 먹을 필요는 없다. 대화에 집중하고 남은 음식은 숙소에 가져가서 먹어도 된다.

저녁 8시 무렵이 되면 식사가 끝나고 지원자는 다시 숙소로 돌아온다. 전열을 재정비해서 다음 날에 있을 진검승부를 준비할 시간이다. 다음 날은 일찍 일어나야 한다. 보통 아침 식사 면접이 오전 7시 ~8시에 예정이 되어 있기 때문에 아침 일찍 준비해서 컨디션을 끌어 올려야 한다. 말끔한 상태로 아침 식사 자리에 먼저 가서 같이 식사를 할 교수들을 맞이한다. 멀쩡한 정신으로 대화를 나누기 위해

커피도 한 잔 마셔두는 것도 좋다.

　보통 아침 식사 면접에서는 채용위원장이 다른 학과의 교수들을 초대하면서 그들과 공동 연구의 가능성을 점검한다. 이 시간을 통해 지원자는 학교의 전반적인 분위기를 파악할 수 있다. 가능한 한 질문을 많이 하라. 질문하고 답변을 들으면서 식사를 할 수 있는 시간도 벌 수 있다. 초임 교수에 대한 멘토링, 테뉴어 과정, 연구비를 수주할 때 학교의 지원, 학생들의 수업 태도 등 지원자가 임용되었을 때 현실적으로 마주할 수 있는 문제들에 대해 질문한다. 하지만, 온 종일 '본 게임'이 있으니 아침 식사 면접에서는 힘을 아껴두는 것이 좋다.

　오전의 면접 일정이 끝나면 오후 12시경에 점심 식사가 잡혀있다. 이때는 학과 학생들과 같이 점심을 먹는 경우가 많은데 학생들의 입장에서 알고 싶은 것이 무엇인지 생각해보고 얘기를 풀어나간다. 무엇보다도 학생들의 얘기에 귀를 기울여주는 진지한 태도를 보이는 것이 가장 중요하다. 학생들 멘토링과 여름 인턴쉽과 구직활동에 도움을 줄 수 있다면 이를 강조해준다. 보통 잡톡은 점심 식사 이후에 있는데, 춘곤증이 생기거나 배탈이 날 수도 있으니 약간은 부족하게 점심을 먹는 게 좋다.

　현장면접에서 또 한 가지 중요한 사항은 학교에서 만나는 모든 사람이 나를 평가하는 사람이라는 것이다. 학생은 물론이고 청소하시는 분들께도 공손한 모습을 보여야 하는 이유이다.

현장면접: 잡톡job talk이 전부다!

...

일관된 연구 주제를 파헤치고 있다는 인상을 주어야 한다.
이를 바탕으로 임용되었을 때 자신이 수행할 연구의 방향을 보여주어야 한다.

교수 임용의 하이라이트는 뭐니 뭐니 해도 잡톡job talk이다. 잡톡은 교수 임용을 위한 공개 강의를 말한다. 이제 결승전이다. 여기까지 온 것만으로도 당신은 이미 훌륭하다. 잡톡을 통해서 당신의 연구 능력과 잠재성 그리고 강의 능력을 보여주게 된다. 지금까지 수업, 학회, 객원 강의, 그리고 박사 논문 심사에서 해왔던 수많은 발표들은 오늘의 이 순간을 위한 것이었다. 이제 모든 것을 쏟아부어서 참석한 사람들의 마음을 얻어야 한다.

한 가지 기억할 점은 잡톡은 참석자와의 대화이면서도 철저하게 준비된 '공연'이라는 점이다. 유머와 웃음, 호흡까지도 계산에 넣어야 한다. 테드 강연TED Talk을 보면 내가 무슨 말을 하는지 알 것이다. 때때로 허점도 드러내면서 그리로 참석자의 질문을 유도하기도 한다. 당신이 좋은 인성을 가지고 있다면 그대로 보여주고, 부족하다고 느끼면 온화한 미소를 지으면서 모든 사람의 질문에 진지하게 대답하는 태도를 보이는 것이 중요하다. 즉, 실력과 함께 겸손함과 따뜻함을 보여주어야만 하는 시간이다. 말은 쉬운 데 실천이 참 어렵다.

잡톡에서는 무엇을 발표할까? 보통은 자신의 박사 논문을 요약해서 발표한다. 요즘은 세 편의 짧은 논문을 하나의 박사 논문으로 엮는 것이 일반적인데, 세 편 모두를 발표할 것인지 한 편만을 집중해서 보여줄 것인지는 전략적인 판단을 해야 한다. 세 편 이상의 논문을 보여줄 경우 연구를 열심히 했구나 하는 느낌을 줄 수는 있지만, 자칫 발표가 중심을 잃을 수 있다. 세 편의 논문이 연관성이 없다면, '이 지원자가 일관된 연구 주제가 없구나' 하는 우려를 줄 수가 있어서 주의해야 한다. 대신 한 편의 논문을 발표할 때는 매우 깊이 있는 발표가 되어야 한다.

어느 경우든지, 일관된 연구 주제를 파헤치고 있다는 인상을 주어야 한다. 이를 바탕으로 임용되었을 때 자신이 수행할 연구의 방향을 보여주어야 한다. 즉, 과거와 현재 그리고 미래의 연구가 일관된 흐름 속에 있다는 점을 강조해야 한다. 앞서 여러 차례 말했지만, 미래의 연구를 소개할 때는 언제 어떤 연구비를 목표로 연구를 진행하겠다는 점이 구체화되어야 한다. 나는 잡톡에서 저소득층 노인인구의 비만에 대한 세 편의 논문을 소개했고 이를 기반으로 미래 연구에서 비만과 복합만성질환을 심층적으로 연구하겠다고 발표했다. 이를 R03, R21, K01 등의 잠재적 연구비를 수주하면서 이 연구를 진행하겠다는 포부를 밝혔다.

현장면접: 잡톡에서의 중요한 팁

...

이 양방향 소통을 통해서 자신의 연구 의미와 잠재성을
청중들에게 극적으로 보여줄 수 있는 기회를 갖게 된다.

잡톡에 관한 몇 가지 팁이 있다면, 먼저 발표할 때 시간 관리를 잘 해야 한다는 것이다. 발표와 질의응답을 포함해서 보통 잡톡에는 1시간가량이 할당되어 있다. 발표는 35~45분 정도가 적당하다. 너무 길면 발표가 지루하다는 인상을 줄 수 있고 너무 짧으면 지원자 연구에 깊이가 없다는 인상을 줄 수 있다. 잡톡 슬라이드는 간결하게 구성하고 지원하는 학교 교수들의 연구를 한 두 편 정도 인용하는 것이 좋다.

앞서 제2장(대학원 유학을 떠나다)에서 밝혔듯이 잡톡은 청중의 관심을 사로잡기 위해서는 연구와 관련된 가벼운 농담이나 퀴즈로 시작하는 것이 효과적이다. 나는 두 군데에서 잡톡을 했는데, 첫 번째 학교에서는 가벼운 농담으로 시작을 했고 두 번째 학교에서는 연구와 관련된 퀴즈로 시작을 했다. 첫 학교에서는 웃으면서 '내 인생 최초의 잡톡이다(살살 해주세요라는 의미로)' 라고 이야기하면서 분위기를 부드럽게 했다. 두 번째 학교에서는 '미국인들이 가장 무서워하는 것은? 핵전쟁 테러리스트 비만(비만 강아지의 전과 후를 보여주면서)' 을 질문했다. 정답은 3번 비만이었고 청중들의 유쾌한 웃음을 이끌어 냈다. 이 질문으로 분위기가 부드러워지자 자연스럽게 비만의 위험성을 강조하는 발표를 이어갔다. 두 학교 모두에서 최종 합격했다.

▲잡톡 퀴즈 슬라이드

잡톡에서 지원자의 발표만큼이나 중요한 것이 발표 이후의 질의응답이다. 15~20분 사이의 대화가 당신의 인생을 바꿀 수 있다. 이 양방향 소통을 통해서 자신의 연구 의미와 잠재성을 청중들에게 극적으로 보여줄 수 있는 기회를 갖게 된다. 쉬운 질문 어려운 질문 혹은 지저분하고도 황당한 질문도 있다. 누가 어떤 질문을 했건 간에 차분하고 친절하게 대답하면 된다. 잘 못 알아들었으면 다시 한번 얘기해달라고 하는 것이 잘못 이해하고 엉뚱한 대답을 내놓는 것보다 훨씬 낫다.

까다로운 질문일 경우 "Good Question!"이라고 미소를 지으며 말해놓고 시간을 버는 것도 좋은 전략이다. 가능한 한 성의 있게 대답하고, '앞으로 더욱 연구해 볼 가치가 있는 과제다'라고 말해주면 좋다. 대답이 부족하다 싶으면, 역으로 전체 참석자들에게 의견을 물어보는 것도 좋다. 여러 가지 답변이 오갈 때 지원자가 자신의 의견을 덧붙이면서 활발한 의사소통을 이끌어낼 수 있다면 오히려 위기가 기회가 될 수 있다.

내 경우 '아시아인들에게도 서양인과 같은 체질량지수BMI: Body Mass Index 기준을 적용할 수 있는가' 라는 쉬운 질문도 있었지만, '당신 연구 결과가 뻔해 보이는데 그래서 어쩌라는 말인가' 라는 다소 도발적인 질문도 받았다. 순간 모든 참석자가 겸연쩍어하면서 내가 이 질문에 어떻게 반응하고 대답하는가를 살폈다.

나는 잠시 생각을 하기 위해 뜸을 들이고는 말했다. "맞습니다. 그렇게 보실 수도 있어요. 어쩌면 대부분의 사회과학 분야의 연구들이 비슷한 비판을 받을 수 있습니다. 하지만, 저는 이번 연구를 통해서 비만 문제가 더는 젊은 사람들만의 문제가 아니라는 점을 밝혔고, 이를 통해 노인들도 운동 및 식이요법 등을 통해서 비만을 극복하고 건강을 회복해서 더 나은 삶의 질을 누릴 수 있다는 점을 보여주었습니다."라고 대답했다. 속은 부글거렸지만, 얼굴에는 온화한 미소를 잃지 않았다. 나중에 임용이 된 후에 채용위원장에게 들은 얘기인데 나의 마지막 대답이 임용을 결정짓는 역할을 했다고 했다. 짓궂은 질문을 한 교수와는 그 후로 좋은 친구가 되었다.

마지막으로 자신이 발표할 슬라이드 자료는 USB 드라이브에 담아서 따로 가져가는 것이 좋다. 잡톡 현장에서는 예기치 못한 일이 벌어질 수 있다. 만약의 사태를 대비해서 만반의 준비를 하는 것이 필요하다. 텍사스A&M대학교에서 박사과정으로 재학할 때, 어느 신임 교수의 잡톡을 들어볼 기회가 있었다. 컴퓨터에 문제가 생기면서 발표할 슬라이드가 업로드되지 않았고 발표가 지연되고 있었다. 지원한 교수는 당황한 기색이 전혀 없이 어색할 수 있는 순간을 재치와 유머로 넘겼다. 그리고 양복 안주머니에서 준비해온 USB 드라이브를 꺼내서 컴퓨터에 옮긴 후 잡톡을 진행했다. 이 지원자의 대처능력과 인간적인 매력에 모든 참석자가 좋은 인상을 받았고 결국 신임 교수로 합격했다.

현장면접: 끝없는 면접

...

면접자와 어떤 식으로든 연결고리를 만들 필요가 있다.

현장면접에서는 어쩌면 지원자들의 집중력과 인내력은 물론 체력까지 시험하는 것 같다. 1박 2일 동안 30분 또는 1시간 간격으로 면접이 진행되는 데 집중력을 잃지 않고 만나는 모든 사람과의 대화에 집중하려면 대단한 체력이 필요하기 때문이다. 온화한 미소도 체력이 바닥나면 누구나 다 알아보는 억지웃음이 되고 만다. 그러니 박사과정 동안 꾸준히 체력을 관리한 지원자는 일생일대의 기회를 잡을 수 있다.

당연한 말이지만 면접을 미리 제대로 준비한 사람이 절대적으로 유리하다. 보통 1주일 전에 현장면접 일정표itinerary가 지원자에게 전달된다. 지금부터는 정보전이다. 제한된 시간에 잡톡을 준비할 뿐만 아니라 일정표에 기록된 만날 사람들에 대한 정보를 모으고 공부를 해야 한다. 먼저 학교 웹사이트를 방문해서 만날 사람들의 CV를 살펴본다. 최근 출판된 논문과 수주받은 연구비를 집중적으로 공부한다. 이 중 흥미로운 논문은 찾아서 연구 초록이라도 읽어두고 대화할 내용을 메모해 둔다. 면접 중에는 읽어본 논문을 언급하기도 하고 이와 관련한 공동 연구도 제안한다. 즉, 면접자와 어떤 식으로든 연결고리를 만들 필요가 있다. 학교 내 다른 학과 교수들과의 면접은 단체로 이뤄지는 경우가 많다. 이때도 내 연구 중에서 그 학과 교수들과 공동으로 할 수 있는 연구 분야를 언급하면서 적극적으로 면접에 임한다.

The University of Memphis
School of Public Health
Campus Visit/Interview Schedule
Assistant Professor of Health Services and Systems Research

Candidate: SangNam Ahn
Department of Social and Behavioral Health
School of Rural Public Health
Texas A&M Health Science Center
email: snahn@srph.tamhsc.edu
(OOO) OOO-OOOO

(Please escort candidate to next meeting as needed)

Tuesday, March 15, 2011

1:55 PM	Arrive in Memphis, American Airline Flight # 4722
	Dr. OOO will pick up from airport
2:55 PM	Check into Hotel
	Location: Holiday Inn, Central Avenue
	Confirmation: 66886950
5:30PM – 7:30PM	Dinner with Search Committee
	Attendees: Drs OOO, Mr. OOO, Mrs. OOO
	Location: Grove Grill, 4450 Poplar Ave
	Dr. OOO will pick up at 5:00PM to escort to restaurant

Wednesday, March 16, 2011

7:30AM – 8:30AM	Breakfast with Search Committee **Attendees:** Drs. OOO, OOO **Location:** University of Memphis Holiday Inn *Dr. OOO will escort to 210 Browning Hall*
8:45AM – 9:15AM	Meeting with (SBS faculty) **Attendees:** Drs OOO, OOO **Location:** 210 Browning Hall *OOO will escort to 230 McCord Hall*
9:15AM – 10:30AM	Meeting with (Health Services and Systems Research faculty) **Attendees:** Drs OOO, OOO, OOO, OOO, OOO **Location:** 230 McCord Hall
10:45AM – 11:15AM	Meeting with Dr. OOO **Location:** 234 McCord Hall *Dr. OOO will escort to the University Center*
11:15AM – 12:15Noon	Lunch **Attendees:** Drs OOO, OOO, OOO **Location:** University Center *Dr. OOO will escort to 207 McCord Hall*
12:30 Noon – 1:00PM	Preparation for Candidate's Presentation **Location:** McCord Hall Conference Room 207
1:00PM – 1:45PM	Candidate's Presentation: "Global Burden of Obesity among Older Adults" **Location:** McCord Hall Conference Room 207
1:45PM – 2:00PM	Q & A following presentation
2:00PM – 2:30PM	Meeting with Search Committee **Attendees:** Drs OOO, OOO, OOO, Professor OOO, Mrs. OOO **Location:** McCord Hall Conference Room 207 * OOO will escort to Browning Hall*
2:30PM – 3:00PM	Meeting with (Epidemiology Faculty) **Attendees:** Drs OOO, OOO, OOO **Location:** 210 Browning Hall * OOO will escort to 341 Admin Bldg*
3:15 PM – 3:45PM	Meeting with OOO **Location:** 341 Admin Bldg * OOO will escort to 225 McCord Hall*
4:00PM-4:45PM	Depart for airport American Airline Flight # 2937 at 6:30 PM * Dr. OOO will escort to the airport*

Dr. OOO cell# OOO-OOO-OOOO

Members of the Health Services and Systems Research:
Dr. OOO (chair)
Dr. OOO
Dr. OOO
Professor OOO
Mr. OOO
Mrs. OOO

▲현장면접 일정표 샘플

면접에 대한 몇 가지 팁이 있다. 지원자의 연구에 대한 소개와 공동 연구에 대한 의견 교환이 끝나면 나머지 시간은 되도록 많은 질문을 하는 것이 좋다. 질문하고 대답을 들으면서 체력을 비축할 수 있다. 질문은 미리 준비해가는 것이 좋은데, 공통질문과 개별질문으로 나누어 준비하면 효과적이다. 개별질문은 위에서 언급한 교수의 연구와 관련한 질문이고, 공통질문은 학교와 학과의 분위기를 파악할 수 있는 질문을 포함한다. 지원자가 알고 싶은 사항을 만나는 모든 사람에게 질문하면 된다.

일반적으로 초임 교수에 대한 지원이 어떻게 이뤄지는지를 물어보면 된다. 테뉴어를 받기 위한 조건(출판된 논문의 개수, 연구비 금액, 학생들의 강의 평가)은 어떻게 되는지, 멘토링을 해줄 수 있는 시니어 교수는 있는지, 수업 당 학생 수는 평균 얼마나 되는지, 수업을 도와줄 강의 조교가 있는지, 도시의 안전과 분위기는 어떤지, 자녀가 있으면 초·중·고의 공교육 제도는 어떤지 등을 물어본다. 이 질문들을 통해서 지원자는 지원하는 학교와 자신과의 '궁합'을 본다. 공통으로 질문을 하기 때문에 비슷한 패턴으로 대답이 이어진다면 믿을 만한 정보라고 보면 된다. 만약 두 군데 이상의 학교에서 최종 합격을 했다면 이 정보를 바탕으로 학교를 선택할 수 있다.

또 한 가지 팁은, 면접 중간 중간에 휴식을 취하는 것이다. 하지만 면접이 연달아 잡혀있기 때문에 따로 휴식 시간을 갖기는 어렵다. 나 같은 경우 모든 면접 중간마다 화장실을 이용했다. 면접 중에 물을 많이 마신 탓도 있었지만, 내성적인 성격인 내게 2~3분간이라도 '도피'의 시간이 필요했기 때문이다. 쉬면서 다음 인터뷰를 머릿속으로 그려보고 준비한 질문도 짧게나마 검토하는 시간으로 활용했다.

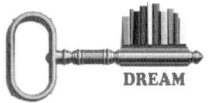

현장면접: 출구면접 exit interview

•••

현장면접에서 지원자가 훌륭한 인상을 주었다면
이제부터는 갑과 을의 관계가 역전된다.

자, 거의 이제 다 왔다. 잡톡과 모든 면접이 마무리되면 채용위원들과 다시 만나는 시간을 갖는다. '오늘 전반적인 면접은 어땠는지'로 시작되는 질문은 임용 직후에 마주칠 현실적인 질문으로 이어진다. 먼저 현재 뽑는 포지션이 하드머니 hard money 또는 소프트머니 soft money 기반인지 묻는 것이 중요하다. 하드머니라고 하면 따로 펀드를 따올 필요가 없이 학교에서 100% 연봉이 주어지는 경우이고, 소프트머니라고 하면 비율에 따라 임용된 교수가 연봉의 일부를 수주하는 연구비로 메우는 방식이다.

예를 들어, 90%의 소프트머니라고 하면 임용된 교수가 90%의 연봉을 개인적인 연구비로 따오고 나머지 10%만 학교에서 연봉으로 지급하다. 많은 연구 중심의 대학들이 소프트머니soft money 기반이기 때문에 이를 확실하게 알아볼 필요가 있다. 보통 초임 교수들은 몇 년간 학교에서 100%를 지원해주고 계약된 시간이 지나면 연봉이 소프트머니로 바뀌는 경우가 많다. 단, 최종 잡오퍼job offer를 받기 전까지는 연봉의 금액에 대한 질문은 피해야 한다.

만나는 사람이 겹쳐지지만 않는다면 면접 동안 물었던 공통질문을 채용위원들에게 다시 하는 것도 나쁘지 않다. 테뉴어 심사 과정, 가르쳐야 할 수업, 새로 개설할 수 있는 수업, 교수들이 받는 연구비의 종류, 초임 교수들에 대한 멘토링 등을 물어보면 된다. 초임 교수들에 대한 멘토링이 중요한 이유는, 임용된 교수들에 대한 멘토링이 제대로 이뤄지지 않는 경우 신임 교수들이 학교에 적응하지 못하고 겉돌 수 있기 때문이다. 그뿐만 아니라, 테뉴어 과정을 제대로 파악하지 못해서 테뉴어를 받는 데 실패하고 학교를 떠나는 상황이 생길 수 있다. 한국과 달리 미국 대학에는 중간 및 최종 테뉴어 심사에서 탈락하는 교수들이 상당히 많다.

테뉴어 심사에서 탈락하면 1년간의 유예기간grace period 동안 다른 직장을 구해서 학교를 떠나야 한다. 멘토와 정기적인 만남을 통해서 자신의 연구를 확대 발전시킬 수 있고 연구비 신청서를 제출할 때 멘토 교수의 검토를 받아 신청서의 내용을 개선할 수 있다. 중간 테뉴어 심사와 최종 테뉴어 심사 때 제출할 서류의 샘플도 멘토에게 받아서 활용할 수 있다. 좋은 관계를 맺으면 테뉴어 심사 때 멘토 교수에게서 적어도 한 '표'는 기대할 수 있다.

일반적으로 앞으로 임용 과정에 대한 진행 상황을 물어보면서 면접을 마무리한다. 언제쯤 최종 결과를 알 수 있을지 먼저 묻는다. 지원자가 다른 학교에서 잡톡을 하고 결과를 기다리고 있다면 이 정보를 슬쩍 흘려주는 것도 좋다. '다른 학교와 임용에 대한 얘기들이 오가고 있는데, 임용 여부를 가능한 한 빨리 알게 된다면 학교를 선택하는 데 도움이 되겠다' 라고 하면 된다.

현장면접에서 지원자가 훌륭한 인상을 주었다면 이제부터는 갑과 을의 관계가 역전된다. 학교에서는 훌륭한 지원자를 잡고 싶어 안달이 난다. 원하는 지원자를 뽑지 못할 경우 일 년을 기다려야 할 수도 있기 때문이다. 나 역시 이런 정보를 흘렸는데, 채용위원장이 '어떻게 하면 당신이 우리 학교에 오겠는가? 가르칠 과목을 줄여주면 되겠는가?' 라고 물어 와서 매우 놀랐다. 일정에서 30여 분의 시간이 남자 예정에 없었던 시내 구경을 시켜주겠다고 했다. "저기는 멤피스의 상징인 M자 다리이고, 여기는 NBA 농구팀 멤피스 그리즐리의 홈구장인 페덱스포럼Fedex Forum, 그리고 지금 가볼 곳은 엘비스 프레슬리가 잠들어 있는 그레이스랜드Graceland이다. 참, 아동 소아암 병원인 세인트 주드St. Jude Children's Hospital 병원도 있어요. 멤피스 인구가 대략 백만 명인데 한국 사람도 많이 사는 것으로 알고 있어요."

이 모든 일이 좋은 징조라고 생각했다.

▲멤피스를 상징하는 M자 다리

집에 돌아오면 오늘은 아무 생각 없이 푹 자면 된다. 당신의 등을 두드려줄 가족이 있다면 충분한 칭찬과 격려를 받게 된다. 당신은 그럴 자격이 충분하다.

다음 날 아침에는 되도록 일찍 일어난다. 할 일이 남아 있기 때문이다. 현장 면접에서 개인적으로 만났던 채용위원들과 모든 교수에게 일일이 감사 메일을 보내야 한다. 전체 메일은 피하고 한 통 한 통 개인적인 메일을 보내는 게 좋다. 공통된 내용은 복사해서 붙이지만, 개인적으로 나눴던 공동 연구 등에 대한 얘기는 따로 언급해준다. 보통 현장면접 다음 날 채용위원장이 학교에 전체 메일을 보내서 지원자에 대한 의견을 묻는데, 지원자는 이 전에 감사 인사를 전하는 것이 좋다. 채용위원들의 의견이 5:5로 나뉜 상황이면 만났던 사람들과 잡톡에 참석한 교수와 학생들한테서 오는 피드백이 결정적인 역할을 하게 된다.

▲NBA 멤피스 그리즐리의 홈구장 페덱스포럼Fedex Forum

▲엘비스 프레슬리가 잠들어 있는 그레이스랜드Graceland

테뉴어 교수가 되다

"테뉴어Tenure를 받으면서 나의 기도의 내용도 달라졌다. 내 강의와 연구가 한 사람을 살리고 한 가정을 일으키게 해달라고 기도하고 있다. 테뉴어는 나만 잘 먹고 잘살라고 받은 것이 아니기 때문이다."

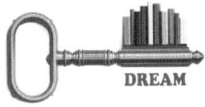

잡오퍼job offer를 받다

...

전략적인 '밀당'이 필요한 순간이다.

축하한다! 드디어 미국 대학에서 잡오퍼를 받았다. 유학 생활부터 쉽지 않은 과정이었을 텐데 그동안의 노고에 박수를 보낸다. 이제 연봉 및 다른 혜택benefit을 협상할 시간이다. 반드시 가고 싶은 학교라면 '적당한 선에서 연봉 협상을 마무리한다'고 생각하면 좋다. 그렇다고 무조건 낮은 조건으로 계약서에 사인하라는 말은 아니다. 전략적인 '밀당'이 필요한 순간이다. 영주권이 없다면 처음부터 연봉 + 영주권수속을 요청해야 한다. F-1 학생비자나 H-1B 취업비자로 미국에서 살면서 영주권의 필요성은 이미 절실해져 있다.

학교 측에서 보내오는 첫 연봉 조건은 초임 교수의 경우 생각하는 것보다 많지 않을 가능성이 높다. 학교마다 연봉을 산출하는 기준이 다르기 때문에 일반화하기는 어렵다. 당신은 정보 수집을 하면서 연봉을 최대한으로 많이 받는 일에 집중하면 된다.

**BOARD OF REGENTS
OF
THE STATE UNIVERSITY AND COMMUNITY COLLEGE
SYSTEM OF**

**NOTICE OF TENURE-TRACK APPOINTMENT AND
AGREEMENT OF EMPLOYMENT FOR FACULTY**

TO:

This is to confirm my appointment to a position approved by the   Board of Regents as **ASSISTANT PROFESSOR** in the **SCHOOL OF PUBLICH HEALTH** for the **ACADEMIC YEAR** at an annual salary of **$**   This also confirms that, during the term of my appointment, I will be eligible for any benefits that are currently available through the University.   This appointment is effective **08/20/2011**, subject to the terms and conditions hereinafter set forth and my acceptance thereof:

1. This appointment is made subject to the laws of the State of   , the requirements and policies of the   Board of Regents, and the requirements and policies of this institution. Any renewal of this appointment through a Notice of Renewal of Tenure-Track Appointment for Faculty or Notice of Renewal of Tenure-Track Appointment and Amendment of Agreement of Employment for Faculty will be subject to all laws, requirements and policies in effect at the time of renewal. To be valid and binding, such renewal must be fully executed by all parties.
2. The above stated salary is contingent upon my completion of service for the full term of this appointment. The salary for an academic year appointment will accrue at the rate of one-half for each academic semester, and will be payable at the rate of one-twelfth of the amount for each month from September through August. The salary for a fiscal year appointment will accrue and be payable at the rate of one-twelfth for each completed month of service, or in the event of failure to complete the specified term of the appointment, salaries will be prorated in accordance with the policies of the institution.
3. This appointment and the above stated salary are in consideration of my faithful performance to the best of my ability of duties and responsibilities assigned to me as a full-time faculty member of this institution, and such additional duties as may be assigned to me from time to time, subject to the policies of the department or other area of assignment, and subject to the supervision and direction of appropriate representatives of this institution.
4. A specific condition of this contract is my agreement to participate in an annual evaluation of my assigned duties and responsibilities.
5. Academic year appointments include no obligation for or guarantee of summer session employment.
6. This appointment is a tenure-track appointment, which is for faculty employed in a probationary period of employment. A tenure-track appointment does not include any right to permanent or continuous employment or any interest in or expectancy of renewal of the appointment. This appointment is on an annual basis only, subject to renewal by this institution, and annual approval by the   Board of Regents, for a maximum probationary period of <u>six years</u>. The minimum requirements and conditions for the award of tenure by the   Board of Regents upon completion of the probationary period are set forth in   on academic freedom, responsibility and tenure, which policy is incorporated by reference as if fully set forth herein. Requirements and conditions for the recommendation of tenure by this institution are set forth in the policies of the institution and are incorporated by reference as if fully set forth herein. Tenure may only be awarded by positive action by the   Board of Regents.

▲잡오퍼 계약서 샘플

합격한 학교가 주립대학교라면 현직 교수들의 연봉 정보가 대중에게 공개되어 있다. 같은 학교와 학과의 조교수가 얼마의 연봉을 받는지 먼저 확인한다. 미래의 동료들 연봉을 알아보면서 내가 최종적으로 받게 될 연봉 수준을 예측해볼 수 있다. 정보 수집의 단계에서 자기 학교의 학장Dean에게 연락해서 학계의 평균 연봉을 알아낸다. 이는 학장 선에서 가지고 있는 정보다.

"학장님의 도움을 많이 받아서 OOO대학교에서 최종 오퍼를 받았습니다. 연봉을 협상 중인데, 제가 합격한 분야의 조교수 연봉 평균 자료를 알려주시겠어요?"

학장님은 기쁜 마음으로 학계의 연봉 자료를 넘겨준다. 자료를 참고하면서(주립대에서 오퍼가 왔다면) 주립대 초임 조교수 평균 연봉을 확인한다. 하지만, 이 연봉치는 박사후과정과 같은 경력이 없는 경우, 즉 박사 학위를 받고 바로 교수가 된 사람들의 평균 연봉이라고 보면 된다. 카운터 오퍼counter offer(연봉 수정 제안)를 넣을 때 이 수치를 지렛대로 삼아 인용하면 된다.

카운터 오퍼를 날리다

...

이제부터는 지원자가 결정할 때이다.
이 연봉을 받아들일 것인지, 한 번 더 카운터 오퍼를 넣을 것인지.

한 가지 시나리오를 예로 들겠다. 합격한 학교에서 9개월에 $65,000의 연봉이 제안되었다. 그 학교의 조교수들의 연봉도 비슷한 수준이다. 학장님의 자료에 따르면 같은 분야의 주립대 조교수 평균 초임 연봉이 $70,000이다. 그렇다면 적어도 $70,000을 카운터 오퍼로 제안한다. 박사후과정과 다른 연구 경력이 있다면 $75,000을 제안한다. 물론 $75,000이 받아들여지지 않을 가능성이 크다. 대신, 학교는 처음 제안보다 $3,000~$4,000높은 $68,000~$69,000을 제안할 것이다.

적어도 한 번은 더 카운터 오퍼를 넣어도 된다. 본인의 최종 오퍼라고 하면서 $73,000을 제안해 본다. 아마도 학교에서는 이보다 적은 $71,000을 최종 오퍼로 제시할 것이다. 이제부터는 지원자가 결정할 때이다. 이 연봉을 받아들일 것인지, 한 번 더 카운터 오퍼를 넣을 것인지 아니면 연봉이 더욱 높을 것 같은 다른 학교를 기다려 볼 것인지. 다른 학교에서 잡오퍼를 받지 않았다면 보통 이 금액을 받아들인다. 그래도 첫 오퍼인 $65,000보다는 $6,000이 높은 금액이다.

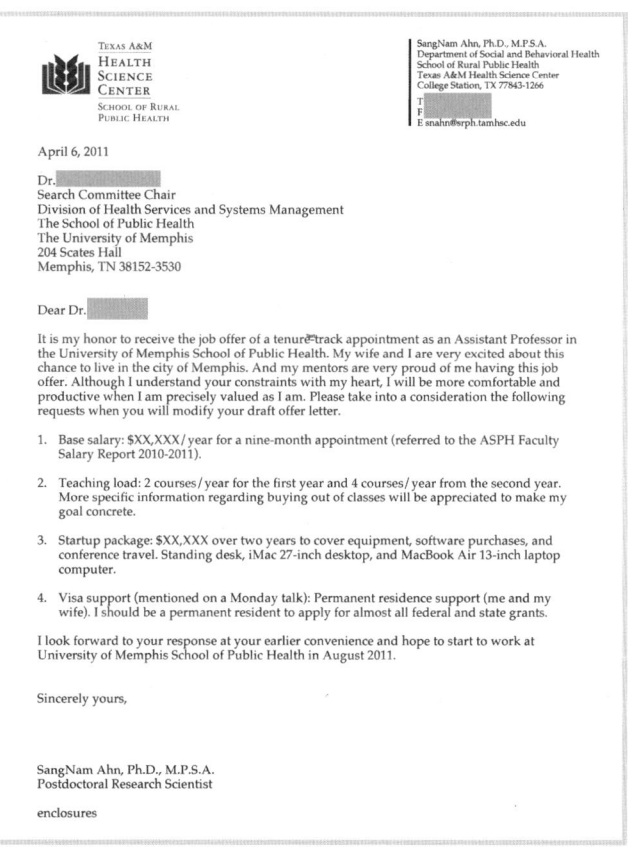

▲연봉 카운터 오퍼 제안서 샘플

최종 계약된 연봉이 지원자가 원했던 $75,000보다 $4,000이 적은 $71,000이라고 하겠다. 이는 세금 전 연봉이다. 미국에서 대략 20%의 세금 및 건강보험료 등이 공제가 된다면 세금 후 연봉은 $56,800이다. 9개월 계약의 조교수는 보통 이 금액을 열두 달로 나눠서 받는다. 그렇다면 월급은 $4,733이다. 물론 박사 과정이나 박사후과정보다는 많은 월급이지만 그렇다고 풍족하게 쓸 수 있는 돈은 아니다.

미국은 지역별로 물가가 상당한 차이를 보이기 때문에 생활비 예산을 잘 짜야 한다. 일반적으로, 미국에서 매달 집에 대한 대출금 mortgage을 갚고 적어도 두 대의 자동차에 대해서 할부금을 낸다면 월급의 절반가량은 만져보지도 못하고 사라진다. 맞벌이 부부가 아닌 이상 4인 가정이 상당히 빠듯하게 생활하는 수준이다. 물론 크게 불편함 없이 살 수 있는 정도는 된다. 미국은 한국에 비해서 교육비와 음식관련 생활비가 적게 들기 때문이다. 물론 여름학기 동안 학교에서 강의할 수 있는 길이 있고 외부에서 연구비를 수주하면 일정한 금액을 보너스로 받을 수 있기 때문에 노력 여하에 따라 실제로 받는 연봉은 이보다 많다.

그리고 자신이 원했던 연봉보다 낮은 금액을 받아들였다고 해서 속상해할 필요는 없다. $71,000을 최종 오퍼로 받아들일 테니 다른 혜택을 달라고 요청한다. 혜택은 연봉과 달리 매년 지출되는 비용이 아니기 때문에 학교 측에서도 부담을 덜 느낀다. 예를 들어, 연구 착

수금start-up fund이 $5,000로 제시되었다면 $10,000을 요청한다. 이사 비용이 적다고 느껴지면 이사업체의 견적을 받아서 현실적인 이사 비용을 요청한다. 가족과 함께 학교와 도시를 재방문second campus visit 하고 싶다면 이에 필요한 경비를 요청한다.

나의 경우 학장님이 보여주신 평균 연봉 자료를 지렛대로 삼고 연봉 인상에 집중했다. 학교를 옮기지 않는 한 주립대의 연봉 인상은 매우 적다고 판단을 했기 때문이다. 실제로 지난 7년간 연봉이 아예 인상되지 않는 해가 있거나 일 년에 2~3%로 오르는 게 고작이었다. 나는 내 경력(박사후과정, 카투사 복무, 제약회사 근무)을 근거로 연봉 협상을 진행하면서 결과적으로 $7,000의 연봉을 더 받을 수 있었다. 다른 혜택을 많이 요청하지 않는 대신 연구 착수금을 약간 올리고, 서서 일을 할 수 있는 책상과 가구들을 요청했으며, 매킨토시 27인치 iMac 컴퓨터를 사달라고 요청했다. 연봉과 혜택의 조율이 끝나면 감사인사와 함께 사인한 서류를 보낸다.

나를 선택하고 내가 선택한 멤피스대학교(https://www.memphis.edu)는 1912년에 세워진 테네시 주의 대표적인flagship 주립대학교이다. 조용하고 살기 좋은 멤피스에 위치하고 있으며 14개 단과대학에서 900여명의 교수들이 21,000명의 학생들을 지도하고 연구하는 데 매진하고 있다. 대학 농구와 풋볼 팀은 전미대학체육협회NCAA: National Collegiate Athletic Association, Division-1에 있으면서 최근 좋은 성적을 거두고 있다. 유명한 스포츠 선수로 NBA의 데릭 로즈 Derrick Rose, NFL의 스티븐 고스트코우스키Stephen Gostkowski, MLB의 댄 어글라Dan Uggla를 배출했다. 동문 정치인으로는 짐 스트릭랜드Jim Strickland 멤피스시市 시장, 스티브 코헨Steve Cohen 연방 하원의원, 프레드 톰프슨Fred Thompson 연방 상원의원이 있다.

▲멤피스대학교 전경

두 번째 학교방문 second campus visit

...

집을 사게 되면 배우자와 자녀에게 안정감을 주게 되고
교수 본인도 학교와 도시에 애정을 갖고 학생들을 가르칠 수 있게 된다.

이제 대학원에서 그동안 같이 공부했던 정든 친구들과 작별인사를 할 때이다. 만약 학교 재방문이 잡오퍼에 포함되어 있거나 경제적으로 여유가 되면 이사 갈 동네를 미리 방문하는 것이 좋다. 가족과 함께, 특히 배우자와 함께, 도시를 방문하면서 첫해에 머물 집을 구한다. 학교에서는 보통 부동산 중계인realtor을 소개해 주는데, 중개인과 같이 집을 찾아봐도 되고 새로운 도시의 한인 교회 등을 방문하면서 현지 한국인들에게 정보를 얻어서 집을 구한다. 자녀가 있다면 어딜 가나 교육열이 높은 한국인들의 정보가 많은 도움이 된다. 백인만 있는 좋은 학군보다는 여러 인종(특히, 아시안, 한국인)이 섞여 있는 학교가 한국 아이들이 적응하는 데 좋다고 한다.

아파트에서 월세를 내고 살다가 일 년 후에는 안전하고 학군이 좋은 곳에 집을 사면 좋다. 아파트에 살면 언제든지 다른 곳으로 이사를 할 수 있다는 장점이 있지만, 집을 사면서 얻을 수 있는 경제적인 그리고 정서적인 장점을 놓칠 수 있다. 집을 사게 되면 배우자와 자녀에게 안정감을 주게 되고 교수 본인도 학교와 도시에 애정을 갖고 학생들을 가르칠 수 있게 된다. 또한 집을 사면 테뉴어 심사위원회에 '이 교수가 다른 학교로 옮기지 않고 이 도시에 정착하겠구나' 라는 긍정적인 인상을 줄 수도 있다. 물론 한국 대학이나 미국 내 다른 곳으로 직장을 옮길 생각이면 집을 사는 것을 미루는 게 좋기는 하다.

나의 경우는 따로 학교와 도시를 재방문하지 않았다. 대신, 채용위원장을 통해서 알게 된 집에 월세를 내고 살게 되었다. 이게 패착敗着이었는데, 학교와도 가깝고 사진상으로는 깨끗한 집이었다. 하지만, 막상 이사를 와보니 100년이나 된 집이어서 낡고 불편한 점이 한둘이 아니었다. 이사한 한 바로 다음 날부터 아내와 함께 일 년 후에 살 집을 알아보기 시작했다.

한 대뿐인 자동차는 아내에게 내어 주고 나는 전동킥보드를 한 대 사서 통학을 시작했다. 퇴근이 늦어지고 멤피스에 어둠이 내리면 집에 갈 걱정에 가슴이 콩닥콩닥 뛰었다. 집으로 출발하기 전에 미리 아내에게 연락해놓고 킥보드를 몰고 집으로 내달렸다. 창문을 내다

▲일 년 동안 나의 발이 되어준 전동 킥보드

보며 대기하고 있던 아내가 나를 발견하자마자 기가 막힌 타이밍에 문을 열어주곤 했다. 그때를 생각하면 아직도 아내와 한참을 웃는다. 이런 연유로 가능하면 2차 학교 방문을 추천한다.

테뉴어 시계는 이미 흐르기 시작했다

...

테뉴어 심사과정은 자신의 '시장성'을 최대치로 끌어 올리는 일이다.

임용과 동시에 6년 또는 7년의 '테뉴어 시계'는 흐르기 시작한다. 제한된 시간에 내가 가진 잠재력과 성과를 보여주어야 한다. 그렇다고 테뉴어 심사에 대한 걱정으로 날마다 긴장 속에서 살 필요는 없다. 이러다가 자칫 건강을 잃을 수도 있기 때문이다.

미국 유학이나 교수 임용의 준비과정과 마찬가지로 테뉴어 심사과정은 자신의 '시장성'을 최대치로 끌어 올리는 일이다. 가장 먼저 해야 할 일은 임용된 학교의 테뉴어 심사과정과 자격 조건을 자세히 분석하는 것이다. 예를 들어, 학교가 테뉴어 심사에서 연구 성과를 가장 중요하게 생각한다면 심사 대상 교수는 저조한 연구 실적을 훌륭한 강의나 봉사 실적으로 대체할 수는 없다. 이와 비슷하게 강의 중심학교에서는 학생들의 강의 평가가 연구 실적보다 우선시 될 수밖에 없다.

일단 임용이 되면 멘토 교수에게 테뉴어 심사과정에 대한 설명을 듣는다. 그리고 학교 내의 테뉴어와 승진에 대한 서류Tenure & Promotion Handbook를 받아서 테뉴어 심사에 통과하려면 어느 정도의 연구 성과와 강의 실적 그리고 봉사활동이 필요한지를 파악한다. 즉, 연구Research : 강의Teaching : 봉사Service의 비중을 어떻게 둘 것인지 판단해야 하는데 이 비중은 고정된 것은 아니고 매 학기 조정될 수 있다. 또한 자신보다 먼저 임용된 학과 교수들의 실적과 이들의 중간 및 최종 테뉴어 심사 결과에 주목하면서 나의 테뉴어 심사 결과를 예측해 본다.

중간 및 최종 테뉴어 심사에 앞서 교수들은 해마다 연구, 강의, 봉사에 대한 교수 평가를 학과장에게 받는다. 매년 일관되게 'Very Good'이나 'Excellent'의 평가를 받는 것이 중요한데 이를 통해서 꾸준히 연구, 강의, 봉사활동을 수행했다고 말할 수 있다. 임용 3년차에 이루어지는 중간 테뉴어 심사는 최종 테뉴어 심사의 '전초전'이라고 할 수 있는데, 연간 교수 평가 및 최종 테뉴어 심사와 마찬가지로 연구, 강의, 봉사활동의 실적을 세 개의 에세이를 통해서 보여줘야 한다.

먼저 연구 에세이에서 나는 다섯 가지를 밝혔다. 1) 지역연구 기관과 연구 협업을 펼친 성과, 2) 수주받은 연구비 3) 출판된 논문 4) 수상 내역 5) 앞으로의 연구 계획. 다음, 강의 에세이에서는 1) 강의 철학 2) 가르친 강의와 학생들의 강의 평가 3) 새로 개설한 강의 및 앞으로 강의 방향을 설명했다. 마지막으로 봉사활동 내용은 대상별(대학, 대학원, 학과, 학계, 지역 사회)로 에세이에서 기술했다. 심사 대상 교수의 연구, 강의, 봉사실적이 항상 탁월하면 좋겠지만, 그렇지 않다면 이 세 분야가 시간에 따라 어떻게 향상되어 왔는지를 보여준다. '첫 학기 때는 저조한 강의 평가를 받았지만, 학생들의 피드백을 수렴해서 강의 질을 높여 나갔고 결국 강의 평가가 00% 좋아졌다.' '임용 직후에 작은 연구비만을 받았지만, 학기가 지나면서 연구비의 양과 질이 좋아졌다.' 이 경향성은 최종 테뉴어 심사에서도 강조되어야 한다.

최종 테뉴어 심사

...

심사 대상 교수가 이 표결에서 만장일치unanimous로 찬성표를 얻었다면 테뉴어를 받는 것이 거의 확정적이다.

최종 테뉴어 심사는 보통 6년 차에 이루어진다. 학교에 남아서 종신교수로 연구와 수업을 '평생' 할 수 있을지 다른 학교로 떠나야 할지 결정짓는 중대한 심사다. 최종 테뉴어 심사의 형식은 중간 심사와 거의 동일하다. 연구, 강의, 봉사에 대한 에세이를 좀 더 자세하게 준비하고 이를 뒷받침할 서류를 같이 제출한다.

한 가지 다른 점이 있다면 외부 심사자를 선정하는 일이다. 6년 차 봄 학기가 끝나갈 무렵 테뉴어 심사위원장tenure committee chair은 심사 대상 교수에게 메일을 보내서 7~8인의 테뉴어 외부 심사자를 추천해달라고 한다. 자신의 박사 및 박사후과정 멘토 한 명과 나머지 외부 심사자는 공정성을 위해서 개인적인 관련은 없지만, 자신의 연구를 이해할 수 있는 사람을 추천해달라고 한다. 일반적으로(할 수만 있다면) 자신에 대해 부정적인 평가를 할 심사자는 배제하려고 노력한다.

동시에 심사위원장은 다른 테뉴어 심사위원들에게도 외부 심사자를 추천해달라는 메일을 발송한다. 여름 동안 심사위원장은 추천받은 외부 심사자들을 섭외해서 심사 대상 교수의 테뉴어 심사를 부탁한다. 일반적으로 4~5분의 외부 심사자들이 심사 대상 교수의 자료(특히 연구 분야)를 분석해서 자신들의 평가를 전달한다. 이들의 평가는 비교적 객관적이기 때문에 중요하게 여겨지는데 절반 이상의 심사자들이 부정적인 평가를 내놓는다면 심사 통과에 빨간불이 켜졌다고 보면 된다. 그럼에도 학교 내의 테뉴어 심사위원회의 종합적 의견이 더욱 중요하게 여겨지고 외부 심사자의 평가는 테뉴어 심사위원회의 의견을 보완하는 정도로 쓰이는 경우가 많다.

여름이 지나고 가을이 오면 테뉴어 심사위원들이 한자리에 모인다. 대부분의 테뉴어 심사는 이 만남에서 결정된다고 보면 된다. 이들은 심사 대상 교수가 제출한 서류dossier를 검토하면서 심사 대상 교수의 테뉴어 자격에 대해서 치열한 논의를 벌인다. 나도 테뉴어를 받고 나서 두세 차례 테뉴어 심사에 참여했는데, 한두 사람의 강력한 지지자가 있다면 테뉴어 심사에 상당히 유리하다는 느낌을 받았다. 이 지지자는 심사 대상 교수를 잘 아는 같은 학과 내의 시니어 교수거나 학과장이면 좋다. 논의가 끝나면 무기명으로 표결이 이루어지고 심사 결과가 구두로 발표된다. 심사 대상 교수가 이 표결에서 만장일치unanimous로 찬성표를 얻었다면 테뉴어를 받는 것이 거의 확정적이다.

보통 표결 결과는 최종 결과가 나올 때까지 비밀에 부쳐지지만 친한 시니어 교수가 있다면 결과에 대해서 미리 전해 듣게 된다. 내 경우 잡톡에서 난처한 질문을 던졌던 교수가 가장 먼저 달려와서 만장일치 찬성 소식을 전해주었다. 심사위원장은 종합한 결과를 보고서로 작성하고 이를 다시 테뉴어 심사위원들에게 보내서 검토를 요청한다.

최종 보고서는 학장에게 발송되고 학장은 검토 후에 가을 학기가 끝날 때쯤 자신의 의견을 교무처장provost에게 제출한다. 학장은 보통 테뉴어 심사위원회의 의견을 따른다. 하지만 의견이 반반으로 나뉜 상황에서는 자신의 의견을 적극적으로 내놓으면서 결정투표casting vote를 행사하기도 한다.

심사에 탈락한 교수들이 결과에 승복하지 못하면 학교를 소송에 거는 경우도 종종 있다. 이들의 논리는 이렇다. '지금까지 테뉴어를 받은 교수들의 실적을 보면 나보다 뛰어나지 않았다. 내가 학과에서 소수자(예를 들어 여성, 외국인)이기 때문에 테뉴어 심사에서 불이익을 받았다고 생각한다. 재심을 요청한다.' 지난 몇 년 동안 직접 두 번의 테뉴어와 관련한 소송을 지켜봤는데 결과가 모두 뒤집혔다. 여러

모로 테뉴어 심사는 정치적인 협상 과정이라고 볼 수 있다. 쉽게 예상이 되는 일이지만 테뉴어 심사가 소송으로까지 이어지면 교수들 사이의 화합은 깨지고 여러 사람이 피곤한 일을 많이 겪게 된다.

다음 해 꽃이 피고 봄이 오면 교무처장에게서 편지를 받는다. '축하합니다. 우수한 연구와 강의 및 봉사활동 실적을 보여주셔서 당신의 테뉴어 승인을 총장님과 이사회에 추천합니다.' 물론 이와 반대되는 내용의 편지를 받을 수도 있다. 봄 학기가 끝나는 어느 날 총장에게서 최종 결과를 담은 편지가 날아든다.

```
                                                      Office of the President

May 11, 2017

Dr. SangNam Ahn
School of Public Health
The University of Memphis
Memphis, Tennessee 38152

Dear Dr. Ahn:

Upon the recommendation of the Provost, along with my endorsement, I am pleased to inform
you that the University         Board of Trustees has approved your tenure and promotion
to the rank of Associate Professor. Your tenure and promotion will become effective September
1, 2017. The awarding of tenure is one of the greatest honors that can be bestowed upon a
member of our faculty.

Congratulations and thank you for your continued dedication and commitment to academic
excellence and service to our University.

Sincerely,



President
```

▲대학교 총장이 보내온 테뉴어 축하 편지

미국 교수 사회 – 개인적 혹은 폐쇄적?

...

테뉴어 심사에 통과하기 위해서는 가능한 한 적을 만들지 않고
둥글둥글한 인간관계를 유지하는 게 무엇보다도 필요하다.

임용의 기쁨도 잠시 당신은 테뉴어를 향한 무한 경쟁의 '광야'로 나아가게 된다. 앞으로 6년간 치열한 '전투'가 벌어지는 이 '전장'에는 적군도 있고 아군도 있다. 아군인 줄 알았는데 적군으로 밝혀지는 경우도 있다. 박사 과정 때는 느낄 수 없었던 교수들 간의 '정치'와 인간관계 이슈가 이제는 현실적인 문제로 다가온다. 당연한 얘기지만, 테뉴어 심사에 통과하기 위해서는 가능한 한 적을 만들지 않고 둥글둥글한 인간관계를 유지하는 게 무엇보다도 필요하다. 어떤 의미에서 테뉴어 심사는 이미 테뉴어를 받은 교수들이 평생을 같이 지낼 수도 있는 동료를 선택하는 시간이다. 따라서 연구 실적이 아무리 좋아도 적이 많은 교수는 불리할 수 있다. 물론 연구 실적이

여전히 가장 중요하기는 하다.

초임 교수의 경우 모든 공동연구에 성급하게 뛰어드는 경향이 있는데, 연구를 시작하기 전에 같이 일을 할 공동 연구자를 먼저 파악하는 것이 중요하다. 사람의 성향을 파악하지 못하고 공동 연구를 진행했다가 감정이 상해서 자칫 동료 및 시니어 교수를 적으로 만들 수 있기 때문이다. 표가 나뉜 최종 테뉴어 심사에서 적이 되어버린 시니어 교수의 의견과 반대표는 치명타가 될 수 있다.

미국 대학에서의 대인관계는 상당히 독특하다. 나와 같이 한국에서 군 생활(미군 부대였지만)과 직장 생활을 한 사람에게 미국 대학의 교수 조직은 좋은 면에서 개인적이고 나쁜 면에서 폐쇄적이다. 나도 들은 바이지만, 한국 대학에서는 주니어 교수들이 시니어 교수를 모시고 점심을 함께 먹는 경우가 많다고 한다. 한국 대학의 교수 사회에도 군대 사회에서와 같은 위계질서는 상당히 중요한 것 같다.

미국 대학에서는, 학과마다 다르겠지만, 같은 학과 교수들이 단체로 점심이나 저녁을 같이 먹는 경우는 많지 않다. 가끔 졸업생 환송회나 직원들의 생일에 같이 모여 식사를 하기는 한다. 동료 교수 가족을 집으로 초대를 하는 경우가 아니라면 교수들이 단체로 저녁 식사를 하는 경우는 더욱더 드문 일이다. 대부분 교수끼리 일대일로 점심 약속을 잡고 식사를 한다. 약속도 하지 않고 당일 점심시간에 연구실에 불쑥 나타나서 동료 교수에게 '점심 먹으러 가자'고 하는 일은 어떤 면에서는 예의가 없다고 여긴다. 아무리 친한 교수라도 같이 점심을 먹기 위해서는 보통 일주일 혹은 적어도 며칠 전에는 약속을 잡는다. 나는 같은 학과에 친한 교수가 한 분 있는데 당일 점심 약속을 잡은 것은 지난 7년 동안 한두 번에 지나지 않는다. 그것도 내가 먼저 '예의 없이' 찾아간 경우다.

다른 점심 약속이 없다면 대부분의 미국 교수들은 사무실에서 각자 점심을 해결한다. 이런 식의 생활은 무척 편하다. 다른 교수들 눈치 볼 일도 없고 정해진 미팅에만 열심히 참여하고 내게 주어진 일만 열심히 하면 된다. 하지만, 이런 개인적인 생활이 꼭 바람직하다고 볼 수는 없다.

많이 외롭다. 동료 교수와 그리고 학생과 교수 사이에 끈끈한 유대관계가 부족하다. 미국에서 태어나서 자란 사람이라면 큰 불만이 없겠지만, 나처럼 한국의 조직을 경험한 사람에게 미국 교수 사회는 상당히 폐쇄적이고 이기적이다. 물론 개인에 따라서 인간관계에 더욱더 많은 시간과 노력을 투자할 수도 있지만, 전반적으로 미국 교수들은 개인적인 생활 방식을 더욱 선호한다.

대인관계의 팁

...

초임 교수의 경우 자신의 취미 활동을 굳이 알리지 않는 것이 좋다.

대인관계와 관련해서 몇 가지 팁이 있다. 먼저 식사 약속은 다소 전략적으로 할 필요가 있다. 멘토 교수와는 학기 중에는 한 달에 한 번은 점심 식사 미팅을 잡고 관계를 유지 발전시켜나가는 것이 좋다. 또한 교수로 생활을 하다 보면 말이 통하는 교수가 생긴다. 도움을 받을 만한 교수도 만나게 된다. 점심 식사 및 가정 대 가정으로 식사를 하면서 개인적인 관계로 발전시켜 나가면 교수 생활에도 테뉴어 심사 때에도 도움을 받을 수 있다. 물론 테뉴어 심사 때문에 시니어 교수들에게 접근한다면 의도는 금방 들통이 난다. 피해야 할 일이다.

또 한 가지 생각해 볼 문제는 테뉴어를 받기 전에 학내외에 여러 가지 봉사에 대한 요청을 어떻게 대응해야 하는지에 대한 것이다. '새로운 교수를 뽑는데 교수채용위원회에 참여해 달라.' '학교 행사에서 우리 보건대학원을 알리고자 한다. 교수 대표로 참여해 달라.' '교수의 목소리를 듣는 위원회를 새로 만들었다. 학과 대표 교수로 참여해 달라.' 혹은 학생들이 석사 과정의 지도교수 및 박사 과정의 논문 지도교수로 참여해달라는 요청도 적지 않다. 시간과 에너지가 많이 필요한 일들이다. 참여하자니 내 연구 및 강의 준비 시간이 줄어들 것 같고 안 하자니 테뉴어 심사에서 불이익을 받을 것 같고. 참 어려운 결정이다. 냉정하게 판단해야 한다. 나의 경우 봉사활동 요청에 대부분 응했고 최선을 다해서 이바지 하려고 했다. 미팅에서 성실하게 내 생각을 피력했지만 다른 교수들과의 불필요한 언쟁에는 휘말리지 않으려고 노력했다.

마지막으로, 매우 지엽적인 문제지만, 초임 교수의 경우 자신의 취미 활동을 굳이 알리지 않는 것이 좋다. 가족과 함께 하는 취미 생활은 나쁘지 않고 오히려 동료 교수들에게 널리 알려도 된다. 학과에서 다른 교수들과 친목 도모를 위해서 골프를 치는 것 역시 나쁘지 않다. 하지만, 혼자 골프에 빠져서 검게 그을린 얼굴로 다니면서 교수 사무실을 자주 비우는 것은 아무리 개인적인 미국 교수 사회지만 좋게 보일 리가 없다. 이렇게 골프를 열심히 치러 다니는 어느 초임 교수에 대해서 시니어 교수들이 부정적인 뒷말을 하는 것을 들은 적이 있다. 물론 학교마다 사람마다 다르게 볼 문제이기는 하다.

부진한 교수 평가에서
학과 최고 교수상을 받기까지

...

한 미국 학생은 새로 태어난 아이 이름을 '상남'이라고 짓겠다고 공언했고, 2016년 학과 졸업생들은 나에게 최고 교수상(David Burchfield Excellence in Teaching and Learning Award)으로 보답해 주었다.

나는 대학에 임용되면서 연구 활동과 강의 준비를 위해 첫 학기 강의를 면제받았고 두 번째 학기부터는 일 년(봄과 가을학기)에 총 세 과목을 가르치게 되었다. 봄 학기에 노인보건학과 미국의료정책을 가르치고 가을학기에는 미국의료정책을 한 번 더 가르치는 일정이었다. 상대적으로 적은 강의였는데도 영어로 강의를 한다는 것이 내게는 큰 부담이 되었다. 주 전공이었던 노인보건학 과목은 그렇다 치고 미국의료정책 과목은 처음부터 공부하면서 다시 시작해야 했다. 외국인인 내가 미국의료정책을 제대로 이해할 필요가 생긴 것이었다.

나는 첫 학기부터 '멋진' 교수가 될 꿈을 꾸었다. 유학 생활 중에

만났던 훌륭한 교수님들을 벤치마킹benchmarking 해서 학생들의 인생을 바꾸는 교수가 되고 싶었다. 하지만 욕심이 과했다. 교수님들의 장점만을 모아서 수업계획서를 짜다 보니 혹독한 교수법이 탄생했다.

선택과목인 노인보건학 과목을 개설하고 강의를 시작했다. 학생은 네 명. 학기 초 개인 면담, 매주 학생별 발표, 매주 숙제, 꽉 채운 3시간 수업, 3시간도 모자란 스트레스 기말고사, 20여 장의 기말페이퍼. 최선을 다해 강의를 성의 있게 준비했지만 나와 학생들은 시간이 갈수록 지쳐갔다. 학생들의 불만도 눈에 띄었다. 동료 교수들도 소식을 들었는지 '좀 살살해라'는 의견을 주었다. 다행이었는지 적은 학생 수 때문에 첫 수업에 대한 학생들의 강의 평가는 산출되지 않았다.

다음 학기 미국의료정책 수업에서도 비슷한 강도로 수업을 진행했다. 스무 명이 넘는 학생들이 내 수업을 듣게 되었는데 최선을 다한 수업에 대해서는 감사와 칭찬도 많았지만, 너무도 큰 수업 부담과 체계적이지 못한 수업이라는 피드백을 받으면서 5.0 만점에 4점대 초반의 강의 평가 결과를 받게 되었다.

나는 충격을 받았다. 평가 점수도 점수지만, 학생들의 촌철살인 비판에 마음이 아팠다. 학기가 끝나고 몇 주 동안은 강의 평가를 다시 들여다볼 수가 없었다. 간신히 마음을 추스르고 학생들의 피드백을 공부했다. 모두 다 맞는 말이었다. 더 나은 강의를 만들기 위해 학생들의 회초리를 달게 맞기로 했다. 칭찬받은 부분은 더욱 강화하고 공통적으로 비판을 받은 부분은 고치면서 수업을 완전히 뜯어고쳤다. 학생들의 수업 부담을 대폭 줄이는 것에서 그치지 않고 수업을 좀 더 짜임새 있게 바꿨다. 시간이 지나면서 나의 노력은 결실을 보기 시작했다. 내 강의 평가 점수는 4.5점을 넘어서 꾸준히 4점대 후반을 기록하기 시작했다.

▲2016년 학과 최고 교수상 트로피

한 미국 학생은 새로 태어난 아이 이름을 '상남'이라고 짓겠다고 공언했고, 2016년 학과 졸업생들은 나에게 최고 교수상(David Burchfield Excellence in Teaching and Learning Award)으로 보답해주었다. 나의 인생에 있어서 가장 뜻깊은 상이라고 생각한다. 그렇다면 어떻게 이런 반전이 일어났을까?

강의실에서 I: 예습, 복습, 기사 토론

...

나는 이를 위해서 매일 네 개의 일간신문과 주간지를 스크랩했다.
임용 후 학기 중에는 하루도 빠지지 않고 지키는 건강한 습관이 되었다.

우선 학생들이 내 수업을 위해 예습과 복습을 하도록 했다. 동서 고금을 막론하고 예습과 복습은 수업의 왕도이다.

'아는 만큼 보인다'는 말은 여행에만 쓰이는 건 아니다. 수업에 대한 이해도를 높이기 위해서는 수업에 앞서서 학생들이 수업 내용을 어느 정도 숙지해야 한다고 생각했다. 이를 위해 모든 수업은 퀴즈로 시작했다. 수업에 늦으면 퀴즈를 볼 수 없기 때문에 학생들은 적어도 수업 30분 전에 와서 퀴즈를 준비하면서 수업 내용을 예습해야 했다. 따라서 학생들에게 수업에 늦지 말라고 말할 필요도 없게 되었다. 학생 때는 나도 그랬지만, 퀴즈를 좋아하는 학생은 없었다. 퀴즈를 너무 어렵게 여기면서 퀴즈를 포기하는 학생들인 '퀴포자'들을 막기 위해서 나는 구체적이고 쉬운 퀴즈를 내려고 했고 많은 힌트도 주었다. 퀴즈의 효용에 대해서 대부분의 학생은 긍정적인 평가를 내놓았다.

▲퀴즈를 보는 학생들

"Although my quiz grades weren't the best, having weekly quizzes and weekly class summaries due helped me to at least read some of the book, and go over the Power Point at least one time. 퀴즈 점수를 잘 받지는 못했지만 매주 퀴즈를 보고 강의를 요약하는 숙제는 제가 책을 미리 읽어오고 강의 내용을 적어도 한 번은 복습할 수 있도록 해주었습니다."

복습도 필요했다. 학생들에게 지난주 수업 내용을 두 장으로 요약하라는 숙제를 주고 수업 시작 전에 모두 제출하게 했다. 이는 다소 원시적인 방식이지만 학생들이 평소에 공부하는 데 도움을 주었다. 학생별로 모은 14개(14강의에 대한)의 수업 요약을 기말고사 직전에 학생들에게 다시 나눠주면서 시험에서 이를 교과서처럼 활용하게 했다. 평소에 기말고사를 준비하도록 하자 학생들의 수업 태도는 눈에 띄게 좋아졌다. 이런 노력을 통해 학생들에게 예습과 복습을 반드시 해야 하는 '시스템'을 만들어 주었다.

▲한 학기동안 스크랩한 신문 기사들

퀴즈가 끝나고 강의를 시작하기 전에 30여 분에 걸쳐서 하는 일이 있다. 수업과 관련된 지난 한 주간의 신문 기사 20여 개를 가지고 토론을 벌이는 것이다. 복잡한 이론이나 딱딱한 교과서의 내용이 아닌 학생들이 한 주 동안 생활하면서 들었을 법한 수업 관련 기사를 소개하고 학생들의 의견을 묻는 자리를 마련했다. 나에게는 입을, 학생들에게는 뇌를 풀어주는 시간이 되었다. 나는 이를 위해서 매일 네 개의 일간신문(월스트리트 저널Wall Street Journal, 뉴욕 타임스New York Times, USA 투데이USA Today, 커머셜 어필The Commercial Appeal 멤피스 지역신문)과 주간지 타임스The Times를 스크랩했다. 임용 후 학기 중에는 하루도 빠지지 않고 지키는 건강한 습관이 되었다.

 학생들이 신문 기사 토론에 익숙해지면서, 내가 가져온 기사를 나누기 전에 학생들이 흥미롭게 읽은 기사를 먼저 소개하는 시간도 빼놓지 않았다. 시간이 지나면서 학생들이 매주 신문을 읽어오기 시작했고 토론도 한층 활발해졌다. 처음에는 수업 내용에 관심이 없던 학생들도 신문 기사를 같이 토론하고 수업에 들어가자 내 노력에 반응하기 시작했다.

 이 기사들은 토론만을 위한 것이 아니라 기말고사의 재료로도 활용되었다. 한 학기 동안 수업 시간에 다뤘던 300여 개의 신문 기사 중에서 가장 활발하게 논의된 20개의 기사를 뽑아서 기말고사 며칠 전에 학생들에게 배포한다. '이 기사들 중 많은 것들이 기말고사에 활용될 것이다'라고 하면서 말이다. 이렇게 기사를 선정해주지 않으면 읽을 기사가 너무 많아서 자칫 기말고사 포기자인 '기포자'를 양산할 수 있게 된다. 기사를 이용한 토론은 매 학기 학생들에게서 가장 좋은 평가를 받았다.

"I learned so much! I loved discussions in every class. I loved getting the opportunity to talk to my classmates and instructor about current issues. 저는 정말 많이 배웠어요! 수업마다 하

는 토론이 너무 좋았어요. 지금 벌어지고 있는 이슈들에 대해 안 교수님과 동료들과 의견을 나눌 기회가 있다는 게 좋았습니다."

"Dr. Ahn is extremely enthusiastic and very easy to talk to. The news articles covered before class were enjoyable. 안 교수님은 정말로 열정적이고 항상 다가가기 쉬운 분이었어요. 수업 전에 뉴스 기사를 토론하는 게 즐거웠어요."

Here is a **brief summary** of assigned components by lectures (O=Yes; X=No):

	Lectures														
	1	2	3	4	5	6	7	8	9	10	11	12	13	14	Final
	Jan 16	Jan 23	Jan 30	Feb 6	Feb 13	Feb 20	Feb 27	Mar 13	Mar 20	Mar 27	Apr 3	Apr 10	Apr 17	Apr 24	May 1
Class Summary	X	O	O	O	O	O	O	O	O	O	O	O	O	O	O
Quiz	X	O	O	O	O	O	O	O	O	O	O	O	O	O	X
Group PT	X	X	O	X	O	X	O	O	X	X	X	X	X	X	X
-Presenter			A		B		C	D							
Guest lecture	X	X	X	O	X	O	X	X	X	X	X	O	X	X	X
Paper-Related Assignment	X	Topic Discussion	Memo	X	Outline	X	X	30M Talks	30M Talks	X	Final Paper	X	X	X	
Group evaluation	X												O	X	
Final Exam	X														O

▲ 수업별 활동 샘플

Here is a brief summary of grading components:

Components	Due Dates	Frequency	Points Assigned	Sub-total
Before Class *(25 points)*				
Class Summary	5:30PM in every lecture (Hard copy)	13	1	13
Quiz	5:30PM in every lecture (From 2nd lecture)	12	1	12
During the Class *(10 points)*				
Participation	Each lecture	13	0.5	6.5
Group Article PTs	Selected lectures	1	3.5	3.5
Final Paper-Related Group Assignments *(35 points)*				
Group meeting with the instructor to discuss the final paper topic	Between Lectures 2 & 3 (fill out a topic information sheet)			
Two-pages Memorandum (Group assessment)	5:30PM in Lecture 4 (Upload an electronic copy via eCourseware Dropbox)	1	5	5
Paper Outline (Group assessment)	5:30PM in Lecture 6 (Upload an electronic copy via eCourseware Dropbox)	1	5	5
Group 30-minute Talks (Group Talks but *Individual Assessment*)	Lecture 9 (Groups A, B) Lecture 10 (Groups C, D) (Upload slides via eCourseware Dropbox)	1	5	5
Ten-pages Final Paper (*Individual Assessment*)	5:30PM in **Lecture 12** (Upload an electronic copy via eCourseware Dropbox)	1	15	15
Group evaluation	5:30PM in Lecture 13	1	5	5
Final Exam (Individual) *(30 points)*				
Final Exam	May 1, 2018	1	30	30
Grand Total				100

▲수업의 점수 구성 샘플

강의실에서 II:
수업의 전달력과 긴장감 유지하기

···

수업 중 어려운 개념이 나오면 내 입으로 잘근잘근 씹어서 적당한 유머와 함께 학생들이 소화하기 쉬운 강의로 만들려는 노력을 게을리하지 않았다.

본격적인 강의가 시작된다. 3시간 수업에서 퀴즈와 신문 기사 토론으로 한 시간을 사용하고 나머지 두 시간은 준비한 70여 장의 파워포인트 슬라이드를 이용해서 강의를 한다. 상당히 많은 양의 슬라이드인데, 모든 슬라이드를 다루기보다 중요한 슬라이드에 집중해서 설명하고 나머지 슬라이드는 학생들의 복습과 요약을 위한 참고 자료로 남겨두었다.

슬라이드는 쉽게 이해할 수 있도록 만들고 설명은 더욱더 쉽게 하려고 노력했다. 어려운 사항을 어렵게 설명하는 것은 '평범한 선생'이 할 수 있지만 '좋은 선생'은 어려운 개념을 쉽게 전달하는 사람이라고 한다. 이런 이유로 수업 중 어려운 개념이 나오면 내 입으로 잘근잘근 씹어서 적당한 유머와 함께 학생들이 소화하기 쉬운 강의로 만들려는 노력을 게을리하지 않았다. 한 번 만들어진 슬라이드도 최신 사항으로 매 학기 업데이트해 나갔다.

강의 슬라이드는 수업 직후에 인터넷 수업 게시판에 올려서 학생들이 다운로드를 하고 강의를 요약하는 데 필요한 자료로 활용하도록 했다. 수업 전에 강의 슬라이드를 업로드하는 것도 생각해 보았지만 그만두었다. 이럴 경우 학생들은 출력해온 슬라이드 위에 필기하는 데 집중하면서, 교수와 눈을 마주치고 동료 학생들과 활발한 토론을 하기가 어렵다고 판단했기 때문이다.

강의에서 가장 처음 하는 일은 강의와 관련된 중요 이론 10여 개를 소개하는 일이다. 미국의료정책과 노인보건학 수업을 하면서 John Kingdon's Garbage Can Model, Andersen Healthcare Utilization Model 등 의료정책 분석에 자주 쓰이는 이론을 소개했다. 신문 기사를 토론하면서 그리고 기말고사에서 이 이론들을 사용해서 기사를 해석하도록 했다. 매일 쏟아져 나오는 의료 관련 기사를 접하면서 세상 보는 눈(이론)을 길러주지 못한다면 학생들이 기자의 논조에 쉽게 휘둘린다고 생각했기 때문이다.

강의를 진행하면서 심화학습이 필요한 곳에는 학생들에게 질문하면서 학생들의 주의가 분산되지 않도록 노력했다. 특히 상반된 의견을 소개하면서 학생들끼리 토론을 하게끔 했다. 나는 미국 법대 강의처럼 수업 중에 상당히 많은 질문을 하는 편이다. 특히 주의가 산만하거나 평소 참여가 적은 학생들에게 주로 질문했다. 질문을 하고는 그 학생 앞으로 나아가서 답변을 들었다. 학생들은 강의 평가에서 나의 무차별적인 질문 때문에 수업 시간 내내 수업에 집중해야 했다고 했다. 학생들이 어떤 답을 하건 온화한 미소로 끝까지 들어주고 적절한 칭찬과 함께 재치 있게 반응해 주었다.

"I strongly appreciate how he encourages students to participate in each lecture - it keeps me on my toes and prevents all of us from getting distracted. I have really enjoyed this class! 저는 안 교수님이 학생들이 매 수업에 적극적으로 참여하게 동기를 부여하는 게 정말 감사했어요. (제 이름이 불릴까 봐서) 항상 긴장하고 있어서 수업 시간에 한눈을 팔 수 없었어요. 저는 정말 이 수업을 즐겼습니다."

수업의 10장짜리 기말페이퍼는 '단계식' 개인 및 그룹 프로젝트이다. 나는 학기가 끝날 때가 돼서야 기말페이퍼를 제출하라고 하지 않는다. 대신 스무 명 정도의 학생들을 네 그룹으로 나누고 기말페이퍼를 다섯 단계에 걸쳐 완성하게 한다. 먼저 나는 학생들을 그룹별로 만나서 주제를 정하는 것을 도와준다. 주제는 안락사, 마리

화나 합법화, 포괄적인 성교육, 예방접종 의무화, 아동 비만 문제 등 다양하다. 기말페이퍼 주제가 정해졌다면 다음으로 두 장짜리 제안서memorandum를 쓰도록 한다. 이 제안서에서는 시급하게 해결해야 하는 보건 관련 문제, 이를 바로잡기 위해 현재 시행되고 있는 방안, 이 방안의 약점, 이를 극복할 수 있는 자신만의 창의적인 방안을 간단하게 소개하도록 한다.

세 번째로 기말페이퍼의 개요outline를 작성해서 제출하게 한다. 어떤 글이든 뼈대가 튼튼하지 않으면 좋은 글로 나오기 어렵듯이 학생들에게 개요를 작성하게 하면서 글의 틀을 잡는 훈련을 시킨다. 네 번째는 수업이 중후반에 접어들면서 학생들이 지금까지 준비한 프로젝트를 교수와 동료 학생들 앞에서 발표하고 의견을 교환하는 시간을 갖게 된다. 이 시간을 통해서 교수와 동료들의 피드백을 받고 자신들의 논지를 점검하고 발전시키는 기회로 삼는다. 수업과 숙제를 잘 조직화하려는 나의 노력에 학생들은 긍정적인 평가를 내놓았다.

> "Dr. Ahn is a great, enthusiastic teacher. He knows the material and makes sure that the students are engaged and learning. I think the class was structured and paced really well. He breaks up assignments to hold us accountable to a timeline. Made the assignments more feasible. 안 교수님은 대단하고 열정적인

선생님입니다. 가르치는 내용에 대해서 잘 알고 계셨고 학생들이 참여하고 배우도록 노력하셨어요. 수업이 매우 체계적이어서 따라가는 데 무리가 없었어요. 교수님이 큰 숙제를 여러 개로 쪼개고 마감 시간을 정해주셔서 시간에 맞춰서 숙제를 할 수 있었어요. 그래서 숙제들은 할 만했어요."

강의실에서 III: 기말페이퍼와 기말고사

...

당신이 망치라면 모든 것이 못으로 보인다.
when you're a hammer, everything looks like a nail

네 번째까지는 그룹 프로젝트였다면 마지막 기말페이퍼는 개인 프로젝트이다. 학생들은 이제 그룹에서 벗어나 같은 주제를 다루지만 자신만의 자유로운 주장을 편다. 기말페이퍼를 그룹이 아닌 개인별 과제로 남긴 것은 학생 한 명 한 명에게 글쓰기에 대한 개인적인 피드백을 주면서 글쓰기 향상에 도움을 주고 싶었기 때문이다. 또한 화합이 잘되지 못하는 그룹에 속한 경우 열심히 하려는 학생들이 피해를 보는 사례를 봐왔기 때문이다.

첫 번째 그룹 면담을 제외하고 나와 2명의 TA teaching assistant는 학생들의 모든 과제물에 대해서 독립적인 피드백을 준다. 총 세 명에게서 피드백을 받게 된 학생들은 처음에는 자신들의 글이 '난도질' 당한 데 대해서 기분 나빠한다. 이렇게 자세한 피드백을 받아본 적이 없는 학생들이 대부분이다. 먼저 '당신이 망치라면 모든 것이 못으로 보인다.when you're a hammer, everything looks like a nail' 라는 농담을 던지면서 학생들에게 교수의 입장을 이해해달라고 주문한다. 그리고서 '많은 피드백이 없이 글을 돌려주면 나도 편하다. 하지만, 여러분은 비싼 수업료에 합당한 피드백을 교수로부터 받을 권리가 있다'고 말하면 대부분의 학생은 오히려 감사함을 표현한다.

▲기말페이퍼 리뷰 예시

"I really enjoyed writing this research paper with the structure you provided. And I can say from experience this is usually not the case! Thanks for a great class! 저는 교수님이 세워놓으신 체계에 따라서 논문을 쓰는 게 정말 즐거웠어요. 정말이지 제 경험상 수업 시간에 논문을 쓰는 게 즐거웠던 적이 별로 없었거든요. 훌륭한 수업에 감사드립니다."

나는 유학 시절 교수님들께 엄청난 사랑과 관심을 받았다. 그들은 나의 '빨간펜 선생님' 이셨는데, 졸업하고 학생들을 가르치는 자리에 가서야 그들의 사랑을 깨달을 수 있었다. 졸업생들이 가끔 찾아오면 내 수업 덕분에 자신들의 글쓰기가 비약적으로 향상되었다고 감사해한다.

무엇보다 이런 단계적 접근 방식을 통해 학생들은 논문 표절 유혹도 떨쳐낼 수 있다. 교수가 처음부터 학생들의 논문에 개입하고 단계별로 점검하기 때문에 아무래도 표절이 개입될 여지가 줄어든다. 이런 이유로 지난 7년 동안 내 수업에서 논문 표절로 적발된 학생은 한 명도 없었다.

내 수업의 기말고사는 악명이 높다. 문제가 어렵지는 않지만, 수업 내용, 이론, 신문 기사를 종합해서 풀어야 할 절대 양이 많아서 그렇다. 주어진 3시간은 항상 모자란다. 기말고사가 시작되기 전에 먼저 학생들이 제출한 14개의 수업 요약을 다시 나눠준다. 그리고 기말고사 며칠 전에 공지했던 20여 개의 신문 기사 중 시험에 나오는 기사만을 출력해서 시험 문제와 함께 나눠준다.

문제 형식은 이렇다. 수업 시간에 논의한 신문 기사 "The Opioid Dens of Medicaid(메디케이드는 아편 중독의 소굴이다)"가 있다. 1) 이 기사를 간단히 요약하라. 2) Medicaid는 재정 지원 혜택entitlement으로써 많은 사람으로부터 지지와 비난을 동시에 받고 있다. 왜 그런지 논하라. 3) 현재 미국은 (처방받은) 아편prescribed opioid 중독 문제가 심각하다. 이를 해결할 수 있는 자신들의 방안을 제안하고. 다음 사항별로 답하라: a) 문제의 심각성 b) 현재 시행되는 정책 c) 현재 정책의 문제점 d) 나의 새로운 정책 e) 효율, 효용, 형평성, 정치적 실현 가능성의 프레임을 사용한 정책 분석 f) 현재 방안과 나의 새로운 방안의 비교 g) 결론.

이런 질문이 열두 개 정도가 된다. 학생들은 보통 스무 장 정도의 답안을 내놓는다. 내가 문제를 푸는 사람이 되어도 짜증이 날 만한 문제형식인데 시험이 끝나면 학생들 손에 쥐가 나기도 한다. 시험이라기보다는 수업의 연장이고 딱히 정답이 있는 문제들은 아니기 때문에 정성껏 답을 한 경우 후하게 점수를 주고 있다.

나는 기말고사를 통해서 학생들이 한 학기 동안 배운 내용을 종합적으로 이해하고 이를 현실 문제에 적용하는 힘을 기르기를 바라고 있다. 앞서 '평범한 선생'과 '좋은 선생'에 대한 얘기를 했는데 '가장 좋은 선생'은 수업이 끝나도 수업과 관련한 내용을 더 알기를 원하도록 동기부여를 하는 선생이라고 생각한다. 몇몇 학생들은 강의실에 배운 내용을 통해 현실 보건 정책에 대한 이해가 깊어졌다고 말한다.

> "Dr. Ahn is always available to help whenever it is needed and I like that he encourages his students to relate what we learn in the classroom to real life public health problems. 안 교수님은 제가 도움이 필요할 때 언제나 함께 해주셨어요. 교수님은 학생들이 수업 시간에 배운 내용을 현실에서 마주하는 보건 문제와 관련 짓게 하셨는데 저는 이게 좋았어요."

무엇보다도 나는 학생들의 피드백을 항상 중요하게 생각했다. 내 한계를 누구보다도 잘 알고 있기 때문에 매 학기 강의 평가를 통해 전달되는 학생들의 쓴소리를 경청하고 이를 다음 학기 수업에 반영하려고 노력했다. 또한 수업 전과 후pre- & post-tests에 20여 개의 강의 목표에 대한 설문조사를 실시하면서 내 수업의 효과를 측정해 왔다. 매 학기 강의 목표는 수업 전과 비교할 때 대략 15~25% 이상의 향상을 보였다.

향상이 크게 이루어지지 않은 강의 목표가 있는 경우 수업 내용을 업데이트하면서 수업의 품질을 지속적으로 관리하고 있다. 향상된 강의 평가 지표는 연간 교수 평가, 중간 테뉴어 심사, 최종 테뉴어 심사에서 나의 강의 역량을 보여주는 자료로 사용했다.

수업의 질을 향상시키는 팁

...

첫 시간부터 학생들의 이름을 외우고 이름을 불러가면서 수업을 진행하면
학생들과 더욱 빨리 친해질 수 있다.

몇 년 전부터는 수업을 녹음하기 시작했다. 녹음한 수업을 퇴근하는 길에 다시 한번 들어보면서 설명이 정확하지 못한 부분과 잘못된 영어 표현들을 고치려고 노력해왔다. 수업에서 이런 노력은 나를 배반하지 않았다.

한 가지 팁을 더 이야기하면서 수업 관련 글은 마무리하고자 한다. 예전 텍사스A&M대학교의 어느 교수님께 배운 팁이다. 나는 수업 첫 시간에 20~30명의 학생 이름을 모두 외운다. 가능하냐고 묻는 사람이 있겠지만, 가능하다! 노력만 하면 된다. 수업 며칠 전부터 내 수업을 신청한 학생들의 이름을 출력해서 사무실 컴퓨터 옆에 붙여놓고 틈나는 대로 이름을 익혀둔다. 이제 단기기억력이 필요한 시간이다. 첫 수업에서 학생들 이름을 알파벳순으로 불러가며 자기소개를 듣는다. 여기서 재빨리 이름과 얼굴을 일치시키는 작업을 한다. 다음 학생들이 자신을 소개할 때도 미리 소개한 학생들의 이름과 얼굴을 일치시키는 작업을 계속한다. 강의실 자리 배치도를 준비해서 학생들의 이름을 차례로 기재해가면 암기에 도움이 될 수 있다.

학생들의 자기소개가 끝나면 '내가 이제 학생들의 이름을 외워보겠다' '나를 테스트하라'고 한다. 학생들의 의심스러운 눈빛이 나에게 와서 꽂힌다. 보통 한두 명 학생의 이름을 제외하곤 모든 학생의 이름을 맞춘다. 첫 수업부터 많은 수업 과제에 대한 설명으로 긴장했던 학생들이 비로소 환하게 웃는다.

이렇게 유난스레 학생들의 이름을 외우는 데는 이유가 있다. 먼저 내가 학생들에게 뭔가를 가르칠 정도의(암기력을 통한) 지적 능력이 있다는 점을 강조하기 위해서이다. 자칫 아시아계 교수라고 학생들에게 무시당할 수 있는 여지를 차단한다. 더 중요한 이유가 있는데, 첫 시간부터 학생들의 이름을 외우고 이름을 불러가면서 수업을 진행하면 학생들과 더욱 빨리 친해질 수 있다. 친밀한 관계에서 신뢰가 쌓이게 되면 가르치고 배우는 과정은 즐거울 수밖에 없다. 신뢰를 바탕으로 한 수업을 통해 학생들을 나를 다음과 같이 평가했다.

"The teaching format was effective and efficient. Dr. Ahn made a point to call on the less vocal students to encourage participation. 가르치는 형식이 효과적이면서 효율적이었어요. 안 교수님은 말수가 적은 학생들의 이름을 일일이 호명하면서 참여를 독려했어요."

"He takes the time to hear from each student and is very respectful of everyone's opinions. 안 교수님은 모든 학생의 의견을 참을성 있게 들어주셨습니다. 모든 사람의 의견을 매우 존중해주셨고요."

"Dr. Ahn respects each and every student in an equal manner. I really like this nature of Dr. Ahn. 안 교수님은 한 명 한 명 그리고 모든 학생을 똑같이 존중해주셨습니다. 저는 안 교수님의 이런 성품이 정말 좋았어요."

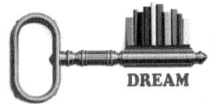

석사 과정 멘토링

...

먼저 마음을 열고 학생들에게 다가가면
학생들 역시 마음을 열게 된다는 점을 알게 되었다.

미국 대학에서 학생 멘토링도 교수의 중요한 업무 중 하나이다. 학생들 멘토링을 하다 보면 교수 스스로 연구나 강의를 준비할 시간을 빼앗긴다고 생각을 할 때가 있다. 이는 학생들 멘토링에 만만치 않은 시간과 노력이 필요하기 때문이다. 학생 멘토링의 내용은 학부, 석사, 박사 과정에 따라 달라진다. 나는 학부 학생들에 대한 멘토링 경험이 없어서 석사와 박사 학생들 멘토링에 대해서만 집중해서 얘기하고자 한다.

나는 2011년 임용 후 24명 정도의 석사 과정 학생들을 지도하면서 수업, 인턴십, 졸업 후 진로 등에 대해서 학생들을 멘토링 해왔다. 석사 멘토링은 어드바이징advising으로 부르는 경우도 있는데, 보통 학기 초와 학기 말에 한 번씩 학생을 만난다. 졸업이라는 최종 목표를 위해서 수업 시간표를 짜주고 수업을 듣는 데 어려움은 없는지 점검한다. 석사 학생들의 관심은 수업에서 좋은 학점을 받는 것이기 때문에 공부 방법도 지도해준다. 이들이 가장 어려워하고 불안해하는 것은 장학금을 받는 일, 여름 인턴십, 그리고 졸업 후의 진로이다.

우선 학생들의 얘기를 잘 듣고 원하는 것이 무엇인지를 파악한다. 도울 일이 있다면 교수가 가지고 있는 전문성과 인맥을 동원해서 도와준다. 특히, 인턴십과 직장을 구하는 시기가 다가오면 학생들의 스트레스 지수는 급격하게 올라간다. 마음이 약한 여학생들의 경우 눈물을 흘리는 경우도 있으니 항상 화장지를 옆에 두고 대비해야 한다.

세상이 흉흉해지니 여학생들이 남자 친구나 남편에게 폭행을 당했다는 안타까운 얘기를 나누기도 한다. 나도 같이 울고 기도도 해준다. 이런 극단적인 경우에는 학교 지침과 학생들의 의사에 따라서 학교 경찰에 보고해야 한다. 학생들이 나에게 개인적인 문제를 털어놓으면서 처음에는 상당히 놀랐다. '뭐, 나 같은 아시아계 교수에게 속사정을 얘기하고 눈물까지 흘릴까' 하는 의구심이 들었기 때문이다. 하지만, 먼저 마음을 열고 학생들에게 다가가면 학생들 역시 마음을 열게 된다는 점을 알게 되었다.

박사 과정 멘토링

...

빗대면 아이를 낳고 기르는 느낌이랄까.
학생들이 나의 지도를 잘 따라주고 어려움을 극복하고
한 단계 더 나아갈 때 선생으로서 말할 수 없는 기쁨을 느낀다.

 석사 과정 학생들과는 달리, 박사 과정 학생들의 멘토링은 많은 시간과 노력이 필요하다. 멘토링의 내용도 다양해서 수업, 펀드, 논문지도, 박사예비시험, 박사자격시험, 논문디펜스 그리고 구직활동 등에 대한 의견을 주어야 한다. 학생들이 박사 논문을 본격적으로 쓰기 시작하면 교수들은 덩달아 바빠진다. 나는 임용 이후 두 명의 박사 과정 학생들의 논문위원회에 있었고 현재는 세 명의 학생들의 논문지도 교수dissertation chair로서 멘토링을 하고 있다. 박사 과정에 있는 학생들에게 강의와 연구를 다양하게 할 수 있는 기회를 주고 나도 강의와 연구에서 도움을 받고자 이들을 연구 및 강의 조교로 활용하고 있다.

나는 일주일에 한 번, 두 시간씩 학생들과 미팅을 한다. 유학생 시절 공대 동료 유학생들의 실험실 미팅lab meeting을 모델로 삼아서 학생들을 한데 모아서 효율적이면서도 생산적인 멘토링 시간을 갖고자 해왔다. 먼저 학생들과 사무실 옆에 있는 운동장을 15분가량 산책하면서 개인 생활에 대해 업데이트를 한다. 밖에서 산책하면서 얘기하는 것은 답답한 사무실에 하는 것보다 서로의 마음을 열 수 있는 장점이 있다. 학문적인 얘기를 구체적으로 하기 위해 다시 사무실로 돌아온다.

사무실에서의 대화는 1) 학생들의 논문 발표 2) 습작creative copying 점검 3) 연구 업데이트 점검 4) 강의 점검 그리고 5) 교수연구 도움 등으로 이루어진다. 먼저 세 명의 학생들이 한 주씩 돌아가면서 학계의 대표 저널인 미국 공공보건 학회지AJPH: American Journal of Public Health의 논문을 한 편 선택해서 발표한다. 형식은 15분 발표와 15분 질의응답으로 이루어지고 미리 준비한 비평 종이critique sheet를 이용해서 나와 나머지 두 명의 학생들이 발표한 학생에 대해 평가한다. 실제 교수 임용 시 잡톡을 염두에 두고 발표 태도와 언어 습관, 발음, 강조점 등을 점검하면서 논문 발표를 진행한다. 이를 통해 학생들의 발표 능력이 눈에 띄게 향상되는 것을 확인했다.

둘째, 습작 과정은 학생이 AJPH 중에서 흥미롭고 잘 쓰인 논문 한 편을 선택해서 여러 번 읽고 저자의 논지를 파악해서 그대로 따라서 써보는 훈련이다. 습작은 한국어로든 영어로든 글쓰기를 향상시키는 데 있어서 더할 나위 없이 좋은 방법이다. 이를 통해 논문 쓰기에 경험이 없는 학생들은 글쓰기에 대한 자신감을 얻을 수 있다.

셋째, 연구 업데이트를 통해서 자신의 박사 논문의 진행 상황을 보고하고 연구에서 어려움을 느끼는 부분을 나눈다. 그룹미팅을 통해서 학생들은 서로의 연구에 도움을 줄 수 있다. 교수가 학생에게 지식과 경험을 일방적으로 전달하는 대신, 비슷한 문제를 겪고 이를 해결한 학생들이 자신들의 경험을 나누면서 다른 학생에게 큰 도움을 줄 수 있다. 최근에는 트렐로trello(trello.com)라는 프로젝트 관리 프로그램을 통해서 연구 업데이트, 박사 논문일정, 박사 논문아웃라인을 나누도록 하고 있다. 논문과 관련한 질문과 답을 이 사이트를 통해 실시간으로 주고받으면서 시간과 공간의 제한을 어느 정도 벗어날 수 있다.

넷째, 강의 조교인 학생들의 활동을 점검한다. 내 강의 조교들은 수업의 퀴즈를 채점하고 기말페이퍼와 관련한 숙제를 나와는 독립적으로 채점한다. 학생들의 강의 경험을 길러주기 위해 학기 말에 객원 강의를 부탁한다. 마지막으로, 연구조교로서 학생들의 활동도 점검한다. 나는 보통 논문을 쓸 때 학생들에게 문헌 조사를 시킨다. 혼자 하는 것이 편할 때가 많지만 학생들의 연구 경험을 길러주는 것 역시 멘토의 중요한 업무이다. 이를 통해 학생과 저작권을 공유하고 학생들의 논문 쓰기 능력과 CV를 향상시키는 데 도움을 주려고 한다. 필요에 따라서 미팅이 끝나고 한 학생과 그룹 모임에서 할 수 없었던 대화를 깊이 있게 이어가기도 한다.

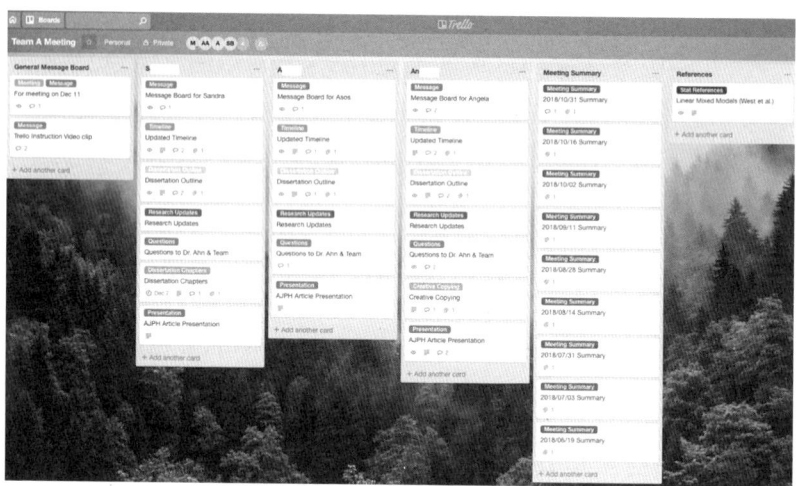

▲Trello를 이용한 박사 과정 지도

석사와 달리 박사 과정 학생 지도에 무척 많은 시간을 보내고 있지만, 장점도 많이 있다. 빗대면 아이를 낳고 기르는 느낌이랄까. 학생들이 나의 지도를 잘 따라주고 어려움을 극복하며 한 단계 더 나아갈 때 선생으로서 말할 수 없는 기쁨을 느낀다. 내가 소진되는 느낌보다는 박사 과정 학생들 지도를 통해서 내가 다시 채워지는 것을 느낀다. 다른 교수님들도 비슷하게 느끼실 것 같다. 무척 감사한 일이다.

테뉴어는 결국 연구로 승부가 난다

...

테뉴어 시계가 흐르고 마음이 조급해지자 작은 연구비를 따오면서 큰 연구비를 대신하고자 했다. 모두 뼈아픈 실수들이다.

연구에서 성과를 내는 일은 테뉴어를 위해서 반드시 필요한 일이다. 많은 대학에서 '연구'를 '연구비 수주'와 동격으로 생각할 정도이다. 이런 이유로 크고 작은 펀드를 수주하는 것이 꼭 필요하다. 알다시피 연구비를 수주하기 위해서는 자신의 이름으로 출판된 논문이 필요하다. 논문은 자신의 연구능력을 증명할 수 있는 지표이기 때문이다. 또한 논문을 쓰기 위해서는 데이터가 필요한데 이 데이터를 모으기 위해서는 연구비가 필요하다. 물론 누구나 사용할 수 있는 공개된 데이터들을 이용해서 논문을 쓸 수 있지만, 자신만의 연구를 통해 생성된 데이터는 희귀성 때문에 좋은 저널에 출판할 가능성을 향상시켜 준다. 이렇게 논문과 연구비는 서로 물고 물리는 관계를 맺고 있다.

임용되는 순간부터 해야 할 일은 바로 자신의 연구 역량을 파악하고 연구 동역자를 찾아 자신의 연구에 매진하는 일이다. 이를 위해서는 연구의 '지구력'이 필요하다. 논문도 3~4년이 걸려서 출판되는 경우가 많지만, 연구비를 수주하기 위해서는 더 많은 시간과 노력이 필요하다.

오히려 연구비가 탈락되었을 경우 상심이 더욱 클 수 있다. 논문은 일단 써놓고 나면 '남는 것(논문)'이 있고 양질의 논문이라면 출판할 저널은 어디엔가 반드시 있다. 하지만, 연구비는 수주하지 못하면 다시 투고해서 수주하지 않는 한 '벽장 속의 서류'로 전락할 가능성이 있다. 이를 방지하기 위해서는 먼저 수주에 실패한 연구 제안서를 수정해서 다시 투고하는 노력을 해야 한다. 제안서를 바탕으로 논문을 한두 편 쓰면서 '일의 매듭'을 짓는 습관을 갖는 것도 필요하다. 뭔가를 남기는 것이 여러모로 정신건강에 좋기 때문이다. 나도 2015년 NIH에 제출한 작은 연구비(R03)가 수주에 실패하자 연구비 제안서를 바탕으로 논문을 하나 완성했고 이를 2017년에 출판하면서 일의 마무리를 지었다.

연구비 수주에는 집중력도 필요하다. 여러 분야를 기웃거리는 것보다는 한 분야에 집중해서 논문을 출판하고 끊임없이 연구비 제안서를 작성해야 한다. 나는 여러 분야를 기웃거리다 제대로 된 연구비를 수주하지 못했다. 작은 연구비는 여러 차례 받았지만, 정부에서 주는 큰 연구비는 받지 못했다. 정부 연구비를 몇 차례 신청했다가 탈락이 되자 이내 포기하고 다른 분야를 기웃거렸다. 내가 연구하고 싶은 분야에 꾸준히 매달리며 연구비를 신청하기보다는 연구비를 '받을 만한 분야'를 찾아다니다 허탕만 쳤다. 테뉴어 시계가 흐르고 마음이 조급해지자 작은 연구비를 따오면서 큰 연구비를 대신하고자 했다. 모두 뼈아픈 실수들이다.

연구비 제안서는 '증거'를 제시하는 일

...

이 다섯 가지 심사 분야에서 충분한 점수를 얻어야지 최근 10% 밑으로 떨어진 NIH 등 정부 출연 연구비 수주 경쟁에서 살아남을 수 있다.

연구비를 수주하기 위해서는 일종의 '증거'가 필요하다. 만약 당신이 연구비를 주는 입장이라면, 큰돈을 주는데 반드시 성과를 낼 수 있는 믿을 만한 연구자에게 주고 싶을 것이다. 이런 이유로, 빈익빈 부익부 현상이 심해진다. 이는 미국이나 한국이나 마찬가지이다. 기존에 연구비를 받은 사람은 신뢰를 줄 수 있는 '증거'를 가지고 있기 때문에 또 다른 연구비를 수주할 가능성이 커진다. 신뢰를 줄 수 있는 증거는 그동안 수주한 연구비 기록이다. 출판된 논문도 중요한 증거가 된다. 연구 초기라면 저널에 투고하고 리뷰 중인 논문이나 학회 발표도 증거로 제시될 수 있다.

몇 년 전부터는 NIH 연구비를 신청하면서 연구 약력biographical sketch에 자신이 학계에 기여한 부분contribution to science을 포함해야 한다. 네 개 정도의 문단으로 자신이 기여한 부분을 설명하고 증거로 자신의 출판된 논문을 제시한다. 이를 통해서 '나의 연구 역량이 이 정도이니 걱정하지 말고 나에게 연구비를 투자하세요'라고 말할 수 있다.

제출된 제안서는 NIH의 연구비 심사위원scientific review group들에 의해서 다섯 가지 영역에 걸쳐서 심사가 이루어진다. 첫째, 연구자의 역량Investigator[s]이다. 이 항목에서 좋은 점수를 얻기 위해서는 지원자가 해당 분야에서의 수주한 연구비와 출판된 논문의 양과 질이 모두 좋아야 한다.

NIH는 신진학자를 양성하기 위해 이들에게 일정한 가산점을 제공해왔다. 신진학자는 기존에 NIH 연구비를 수주한 적이 없는 New Investigator(NI) 또는 박사학위 등 최종학위를 받은 지 10년이 지나지 않은 Early Stage Investigator(ESI)를 포함한다. 신진학자의 경우 구체적인 연구 성과가 부족할 수 있기 때문에 연구 경험 그리고 받은 훈련을 강조해야 한다. 물론 탁월한 연구 제안서를 제출하는 것은 기본이다. 최근 신진 연구자들도 많은 논문을 출판하고 있다 보니(paper inflation) 연구비를 수주하기 위해서는 어떤 경우에도 치열한 경쟁을 피할 수 없다.

주 연구자(PI)의 연구 역량만큼이나 공동 연구자(Co-PI)의 역량도 필요하다. 먼저, 혼자서 연구비 제안서를 쓰는 경우는 매우 드물다. 이런 이유로 신진 연구자는 '탁월한' 공동 연구자를 연구비 제안서에 포함하면서 자신의 부족한 부분을 보완할 수 있다. 공동 연구자를 포함할 때는 친분이 두터운 연구자가 아닌 각 분야에서 최고의 연구자를 초청해서 포함해야 한다. 멘토 교수들과 학과장, 학장들의 도움을 받아서 이들을 찾아내고 공동 연구자로 초청한다. 삼고초려를 해서라도 그분들을 연구비 제안서에 포함해야 연구비 수주와 연구의 성공을 높일 수 있다.

나머지 네 가지 심사 영역은 Significance, Innovation, Approach, 그리고 Environment이다. 먼저 Significance, 즉 연구의 중요성이 어필되어야 한다. 지원자가 해결하고자 하는 문제가 사소한 것이 아니라 시급하게 해결해야 할 중대한 사안임을 강조한다. 또한 연구가 성공적으로 수행되었을 때 제시된 문제가 해결되고 이를 통해 어떻게 학계에 의미 있는 이바지를 할 수 있는지 설명해야 한다. 두 번째, Innovation이다. 지원자의 연구가 충분히 새로운 것인지를 본다. 즉 이론적 기반, 방법론, 측정방식이 기존의 것이 아닌 새로운 것이어야 한다. 세 번째, Approach인데 제안된 연구 방법론이 적절하고 충분한 근거가 있는지를 보여주어야 한다. 이 방법론으로 연구를 수행했을 때 제안된 연구목표를 이룰 수 있음을 밝혀야 한다.

마지막으로 Environment이다. 제안된 연구를 성공시키기 위해서 지원자가 속해있는 조직(학교 또는 연구소)이 어떤 지원을 할 수 있는지를 본다. 강의 중심 대학보다는 연구중심 대학이 이 마지막 항목에서 좋은 점수를 받는 데 유리할 수 있다. 공동 PI가 다른 조직에 소속되어 있다면 그 조직의 연구 환경도 심사 대상에 포함된다.

이 다섯 가지 심사 분야에서 충분한 점수를 얻어야지 최근 10% 밑으로 떨어진 NIH 등 정부 출연 연구비 수주 경쟁에서 살아남을 수 있다. 참고로 리뷰어의 평가 점수를 이해할 때 낮은 점수는 좋은 성적을 의미한다. 즉, 각 분야별 1점은 exceptional이라는 의미이고 9점은 poor의 의미가 있다. 5점은 보통 수준의 연구비 제안서로 볼 수 있다.

지역 사회의 크고 작은 연구비를 노리자

...

여태 노인 인구를 대상으로 연구하고 논문을 발표했는데,
갑자기 청소년 건강에 흥미를 갖고 연구비 제안서를 쓴다면
열이면 열 실패한다. 바로 내 얘기이다.

그렇다고 연구비가 정부 출연 연구비만 있는 것은 아니다. 교수가 몸담은 학교와 거주하고 있는 도시에도 크고 작은 연구비의 기회가 많이 있다. 학교에서 제공하는 작은 연구비는 초임 교수가 NIH 등의 연구에 도전할 때 필요한 기초 데이터seed data를 얻는 데 도움을 준다.

도시에 있는 병원과 같은 조직에서 제공하는 연구비는 성격이 조금 다르다. 이런 조직은 순수한 연구를 하기보다는 자신들이 시행하는 프로그램의 효과를 측정하는 데 지역의 거점 대학의 교수들의 도움을 필요로 한다. 연구 결과에 따라서 프로젝트의 향후 활용과 발전에 관심을 갖는다. 그러다 보니 평가가 진행되는 도중에도 필요에 따라 임의로 연구 방법이 변경되기도 한다. NIH 연구에서는 매우 드문 일이다. 적은 연구비 비용은 그렇다 치고 전반적으로 시간이 늘어지는 비효율의 문제가 생긴다. 미팅은 자주 하는데, 연구는 앞으로 나아가지 못한다.

그렇다고 해서, 이런 연구가 반드시 부정적인 것만은 아니다. 테뉴어를 위해서는 작은 연구비라도 수주를 해야 하고 이 연구들을 통해서 지역 사회에 기여할 수 있기 때문이다. 물론, 이 과정에서 다른 연구비 기회들도 생기고 새로운 연구 동역자도 만날 수 있다.

초임 교수 자신이 연구비 수주에 어려움을 느끼고 있다면 자신의 연구를 냉정하게 돌아볼 필요가 있다. 멘토 교수와 연구비 수주에 경험이 많은 시니어 교수를 방문해서 도움을 요청한다. 또한 조용한 곳에서 자신을 연구를 돌아볼 필요가 있다. 자기의 CV를 면밀하게 검토하면서 내가 해온 연구는 무엇인지 내가 가진 장점은 무엇인지를 파악한다. 잘 아는 것 같지만 잘 모르는 것이 자신이고 자신의 연구이다. 그렇지 않고 자신의 장점을 잘 모르는 상태에서 흥미만을 갖고 새로운 연구에 손을 댈 수도 있다. 예를 들어, 여태 노인 인구를 대상으로 연구하고 논문을 발표했는데, 갑자기 청소년 건강에 흥미를 갖고 연구비 제안서를 쓴다면 열이면 열 실패한다. 바로 내 얘기이다.

자신의 연구를 파악했다면 https://grants.nih.gov와 같은 정부 연구비 사이트를 방문해서 자기 연구와 가장 근접한 연구비 기회를 찾는다. 먼저 연구를 통해 해결할 문제를 알아보고 문제 해결에 필요한 이론도 찾아본다. 이 문제를 위해 자신의 연구가 꼭 필요한지와 연구 결과가 문제 해결을 위한 충분한 근거를 도출할 수 있는지 냉철하게 분석한다. 즉, 연구의 필요충분조건을 따져본다.

그리고 자신에게 질문한다. 짧게는 몇 개월 길게는 몇 년 동안 내가 매달릴 수 있는 연구인가. 확신이 선다면 위에서 언급한 다섯 가지 심사 영역을 참고하면서 연구비 제안서를 작성한다. 연구 초기부터 연구비 제안서의 맨 마지막에 소개되는 연구비 담당자에게 연락을 취하면서 직간접적인 안내를 받도록 한다. 차근차근 준비해 나가되, 실패가 오더라도 좌절하거나 물러서지 말고 계속해서 도전한다. 연구비 제안서를 쓰면서도 NIH 연구비 심사위원들에게 신뢰를 줄 만한 자신의 학문적 증거를 만들기 위해 끊임없이 논문을 출판하는 노력을 병행해야 한다.

테뉴어는 새로운 시작이다

...

테뉴어를 받으면서 호랑이 등에 날개를 매단 형국이다.
이제 원하는 곳으로 더욱 빨리 더욱 멀리 날아갈 수 있다.

마침내, 테뉴어를 받았는가? 진심으로 축하한다. 유학 생활부터 시작된 교수로서의 삶의 한 장을 마무리하는 순간이다. 학자로서의 '경주'를 마친 것은 아니지만, 테뉴어를 받고 종신교수가 된 순간 학교 내에서 당신의 지위는 달라진다.

더는 다른 사람의 눈치를 볼 필요가 없다. 나는 종종 미국에서 교수라는 직업을 갖게 된 것에 감사한다. (한국적 개념의) 직장 상사도 없을뿐더러 자기가 하고 싶은 연구와 강의를 마음 놓고 할 수 있는 '호사'를 누릴 수 있기 때문이다. 큰돈을 벌지는 못해도 지역 사회에서 어느 정도의 사회적 지위도 누릴 수 있다. 물론 자기가 해야 할 연구, 강의, 봉사활동은 지속해야 하고 일정한 성과도 내야 한다. 학교마다 테뉴어를 받은 이후의 재임용 조건이 달라서 일반화하기는 어렵지만, 더는 성과를 위한 성과를 낼 필요는 없다. 평소에 하고 싶었던 연구를 하고 새로운 강의도 개설하면서 신명 나게 연구와 강의를 할 수 있다. 대가를 받지 않고 지역 사회에 봉사할 수도 있다. 테뉴어를 받으면서 호랑이 등에 날개를 매단 형국이다. 이제 원하는 곳으로 더욱 빨리 더욱 멀리 날아갈 수 있다.

교수로서의 새로운 삶은 이제부터가 시작이다. 테뉴어를 받고 먼저 무엇을 해야 할까? 아마도 '아무것도 안 하는 것'을 우선 '해봐야' 할 것 같다. 항상 무언가를 해온 교수 입장에서 집에서 쉬어도 쉬는 것이 아니고 여행을 가도 생각은 논문과 프로젝트, 박사 과정 학생지도에 묶여 있었을 것이다. 나도 아무것도 하지 않는 것이 가장 어려웠다. 적극적으로 '멍 때리는 시간' 시간을 갖고 자신의 삶에 대해서 돌아봐야 한다. 연구에 대해서도 내가 진정으로 하고 싶은 것이 무엇인지 고민해볼 시간이다.

물론, 많은 연구비를 갖고 활발한 연구를 진행하는 교수는 고민의 종류가 다를 수 있다. 하지만, 어떤 경우에도 한 템포 쉬었다 갈 필요는 있다. 미국 대학에서 교수는 정년이 없기 때문에 가능한 한 오래 자신의 자리를 지키는 것이 가능하다. 이는 개인적으로도 사회적으로도 바람직하다. 미국의 많은 대가 교수들은 70~80세가 되어서도 여전히 현직에서 활발하게 연구 활동을 하고 후학을 양성하고 있다.

　가르치는 직업에 있다 보니 몸 관리를 잘해야지 강의와 학생지도를 잘 할 수 있다. '교수로서 연구를 하다가 자기 사무실에서 죽음을 맞이하는 것도 큰 복이다'라는 생각을 해 본 적도 있다. 이를 위해서는 무엇보다도 건강을 지켜야 한다. 지킨다고 지켜지는 건강은 아니지만 노력 여하에 따라서 건강의 질은 크게 달라질 수 있다.

테뉴어를 받았다면 가장 먼저 안식년을 신청하자

...

개인적으로 '테뉴어의 꽃'은 안식년이라고 생각한다.

한 템포를 쉬었다 가기 위해서 안식년sabbatical leave 신청을 추천한다. 개인적으로 '테뉴어의 꽃'은 안식년이라고 생각한다. 테뉴어를 받기 전에는 안식년을 가기가 쉽지 않다. 특별한 사유가 없는 한 안식년을 갈 명분이 없기 때문이다.

보통 한 학기의 안식년을 갖게 되면 100%의 월급을 받게 되고, 두 학기(일 년)의 안식년을 갖게 되면 50~60%의 월급을 받게 된다. 맞벌이 부부가 아닌 이상 절반 가까이 수입이 줄어든다면 안정된 생활을 하기가 어렵다. 그래서 많은 교수가 다른 곳에서 재정 지원을 받지 않는다면, 한 학기만 안식년(소위 미니 안식년)을 신청한다.

테뉴어를 받자마자 자신을 초청해줄 안식년 초청기관(학교)을 찾는다. 안식년의 초청기관은 전 세계 어느 대학이나 연구소가 될 수 있다. 연구와 함께 편안하게 쉴 수 있는 곳이 좋다. 한국에서 안식년을 보낸다면 배우자나 자녀에게 좋은 '선물'이 될 수 있다. 안식년 신청은 학교마다 달라서 일반화된 정보를 주기는 어렵지만, 안식년 기간 동안 연구할 내용과 예상 결과물을 밝히면서 제안서를 쓴다. 또한 초청기관의 초청편지를 첨부한다. 만약 풀브라이트장학금Fulbright Scholarship과 같은 연구비를 받았다면 연구비 수혜 편지를 동봉한다.

안식년 활용: 마음관리

...

거울 속의 자신에게 안부를 물을 필요가 있다.
지금 행복한지, 이대로 가도 좋을지.

안식년 동안 마음 관리, 건강 관리, 관계 관리를 통해 자신의 건강을 돌보는 것이 필요하다. 이 중 마음 관리가 제일 중요한 것 같다. 자신을 만나는 시간이 필요하다. 우리는 과연 하루에 몇 번씩 거울 속의 자신을 쳐다보면서 말을 걸까? 그동안 자기 자신을 자주 만나지 못했다면 거울 속의 자신에게 안부를 물을 필요가 있다. 지금 행복한지, 이대로 가도 좋을지.

나의 경우 안식년 동안 나 자신의 연구를 되돌아보는 시간을 갖게 되었고 이를 통해 마음을 관리하려고 노력했다. 그동안 풀리지 않던 연구 때문에 생겼던 마음의 긴장과 상처가 많았기 때문이다. 아무리 매년 10편씩 지난 7년 동안 70여 편 가까운 논문을 출판했어도 내 연구가 사회와 학계에 크게 기여하지 못했음을 잘 안다. 테뉴어를 받기 위해서 숫자를 채우는 '연구행위'만을 했을 수도 있다. 나의 솔직한 고백이다. 나와 같이 연구 성과를 확실하게 내지 못했다고 생각되는 이들은 다시 한번 자신의 연구를 냉철하게 돌아볼 필요가 있다. 이 성찰의 과정이 없이 테뉴어 이후의 연구가 많이 뒤처지는 교수들을 보았다. 활발한 연구 없이는 수업에서 학생들을 가르치고 박사 과정 학생들을 지도하는 데에 한계가 있을 수밖에 없다.

내가 해왔던 연구를 기반으로 앞으로 하고 싶은 연구 분야를 키워드별로 나열한다. 이 연구들을 하기 위해서 어떤 부분이 더욱 보완되어야 하는지, 이를 위해서 어떤 연구자와 공동 연구를 수행해야 하는지를 살펴야 한다. 처음부터 자세한 계획을 세울 필요는 없다. 미래의 연구 키워드를 지속적으로 살펴보면서 고민의 시간을 가져야 한다. 분명히 이 중에는 마음에 열정이 생기는 연구들이 있다. 이 연구들에 집중한다. 문헌 조사를 시작하면서 내 연구의 미래를 그려본다. 이제는 단기간에 결과를 내는 연구보다는 큰 그림을 그리고 5~10년이 걸리는 연구에 도전해 본다.

한 분야에 집중하는 것을 도와주기 위해 황농문 교수의 "몰입, 최고의 나를 만나다"라는 강의를 인터넷에서 찾아보는 것을 추천한다. 이제 방황을 접고 정착해서 몰입해야 할 때이다.

안식년 활용: 건강 관리

...

미국은 정년이 없기 때문에 건강하기만 하면 80세 혹은 그 이상까지
학교에 남아서 활발한 연구와 강의를 할 수 있다.

건강 관리 역시 필요하다. 건강을 잃으면 아무것도 소용이 없기 때문이다. 안식년 동안 미뤄왔던 신체 건강에도 관심을 둔다. 테뉴어를 받는 나이가 보통 40세를 넘긴 시점이기 때문에 기회가 된다면 한국에서 위내시경과 장내시경을 포함한 종합검진을 받는다.

나뿐만 아니라 주위를 돌아보면 40세를 넘으면 몸에 한두 군데는 문제가 생긴다. 적극적으로 건강관리를 해야 '가늘고 길게' 학교에 남아 있을 수 있다. 한국은 65세면 학교에서 은퇴해야 하지만, 미국은 정년이 없기 때문에 건강하기만 하면 80세 혹은 그 이상까지 학교에 남아서 활발한 연구와 강의를 할 수 있다.

지금 꾸준한 운동을 하고 있다면 훌륭하다. 계속하면 된다. 만약 운동을 하지 않고 있다면 바로 오늘이 운동을 시작할 때이다. 나는 무거운 것을 드는 것을 좋아하지 않는 편인데 유산소 운동과 함께 근력운동도 해야 한다.

하루를 운동으로 시작하기 위해서는 아침에 일찍 일어나는 것이 필요하다. 이를 위해서 할 엘로드Hal Elrod가 쓴 책, 미라클 모닝Miracle Morning을 읽어보기를 추천한다. 아침에 일찍 일어나기 힘든 사람들을 위한 몇 가지 방법을 제시하고 있는데 나는 이 책의 효과를 본 많은 사람 중의 한 사람이다. 아침에 일찍 일어나서 운동도 하면서 하루가 길어지고 신체 건강도 좋아졌다.

1) 잠자기 전에 내일의 목표를 정해서 저널에 기록하고 머릿속으로 내일의 업무에 대한 이미지 트레이닝을 한다.
2) 알람을 맞추고 이를 되도록 침대와 멀리 떨어뜨려 놓는다.
3) 일어나자마자 트레이닝복으로 갈아입는다.
4) 양치를 하면서 입을 상쾌하게 한다.
5) 물을 한 컵 마시면서 밤새 부족한 수분을 보충한다.
6) 밖으로 나가 조깅을 시작한다.

알다시피 교수는 직업의 특성상 한자리에 오래 앉아 있어야 한다. 자리에 오래 앉아 있는 것이 건강에는 좋지 않다는 것은 누구나 아는 사실이다. 나처럼 비쩍 마른 사람은 오랜 시간 앉아 있는 게 특히 허리에 무리가 된다. 유학 시절 만성 요통으로 고생을 좀 한 경험이 있다. 우연히 박사후과정에서 만나게 된 마크 벤든Dr. Mark Benden 교수님의 연구를 통해서 서서 일을 하는 것이 건강에 큰 도움이 된다는 것을 알게 되었다. 교수에 임용이 된 이후에도 꾸준하게 서서 일을 하고 있다.

▲서서 일하는 사무실을 만들어 보자

물론 온종일 서서 일을 하는 것은 아니고 하루 중 50~70% 정도만 서서 일을 한다. 연구가 잘 풀리지 않으면 사무실을 이리저리 배회하면서 화이트보드에 낙서도 한다. 어느 순간 아이디어가 떠오르면 다시 컴퓨터로 돌아가서 글로 옮긴다. 새로운 작업 방식을 통해서 요통의 문제가 완화되었고 일의 효율도 좋아졌다. 다만 갑작스럽게 서서 일하려고 하지 말고 하루에 30분씩 단계적으로 서서 일하는 시간을 늘려가는 것이 좋다. 또한 서 있을 때도 발 받침대에 한 발을 올려서 일하고 바닥에 푹신한 매트를 깔아주면 발과 다리의 피로를 훨씬 줄여줄 수 있다.

안식년 활용: 관계 관리

...

타인과 자신에 대해서 좀 더 너그럽게 된다.

관계 관리도 필요하다. 이 관계는 가족과의 관계일 수도 있고 어떤 면에서 자신과의 관계일 수도 있다. 학교 내에서 관계가 어려웠던 동료나 시니어 교수가 있다면 테뉴어를 받은 시점부터 많은 변화가 생긴다. 그들보다는 내 마음이 바뀌었기 때문이다. 테뉴어가 뭐라고 일에 대한 자신감이 생기고 인간관계에서도 주도적인 역할을 한다.

타인(특히 가족)과 자신에 대해서 좀 더 너그럽게 된다. 가족과의 관계를 향상시키는 데는 여행만한 게 없는 것 같다. 여행도 크루즈 여행과 같은 럭셔리한 여행보다는 배낭을 멘 여행이 좋다. 배낭여행이 힘들다면 자전거 여행, 지하철이나 버스를 타고 느리게 하는 여행을 추천한다. 한 번도 가보지 못한 새로운 곳에서 그동안 소원했던 가족과 함께 하는 여행은 관계 회복에 효과적이다. 어려움과 즐거움을 공유하면서 그동안 잊고 살았던 동질감과 가족애가 회복될 수 있다.

　지속적인 관계 향상을 위해서는 규칙적인 여행이 필요한데 개인적으로 앞서 언급한 것처럼 캠핑 여행을 추천한다. 저렴한 텐트 여행부터 시작해서 작은 캠핑카나 캠프 트레일러를 사서 캠핑 여행을 하면 좋다. 캠핑은 시간이 많이 필요하지만, 테뉴어를 받은 교수들은 돈은 많지 않아도 시간이 많아 할 만하다. 물론 우스갯소리이다. 캠핑 族들 사이에서 '캠핑을 안 해본 사람은 있어도 한 번만 해본 사람은 없다'는 말이 있다.

　나는 테뉴어를 받고 눈물방울teardrop 모양의 작은 캠핑 트레일러를 한 대 샀다. 집에 있는 차고에도 들어갈 정도로 작은 크기이다. 지난 여름 내 트럭에 캠핑 트레일러를 매달고 아내와 함께 미국을 한 달 넘게 여행했다. 멤피스를 출발해서, 알칸사, 오클라호마, 텍사스, 뉴멕시코, 콜로라도, 유타의 알처스 국립공원Arches National Park을 거쳐 아이다호의 보이시Boise까지 갔다가 그랜드 테턴 국립공원Grand Teton National Park과 옐로스톤 국립공원Yellowstone National Park을 돌아서 오는 6,000마일(9,600km)에 달하는 여정이었다. 필요할 때는 카지노의 주차장에서 '보초를 서며' 불편한 잠을 청했다.

여행을 통해 새로운 곳에서 많은 흥미로운 사람을 만났다. 내가 얼마나 작은 존재인지 대자연의 위대함에 경탄하는 시간이었다. 많이 알고 있다고 착각했던 미국을 새롭게 경험하고 돌아왔다. 집으로 돌아오는 길에 여행의 고단함을 투덜대기보다 다음 여행을 계획하고 있었다. 아내와 많은 추억을 쌓은 것은 당연한 일이다. 캠핑 여행에 회의적이던 아내는 여행을 다녀온 후 더 좋은 캠핑 트레일러를 사자고 졸라댄다.

▲트럭과 캠핑 트레일러

마지막으로 테뉴어를 받으면서 내 기도의 내용도 달라졌다. 자신과 가족만을 위한 기도를 넘어 소속된 교회와 학교, 국가와 민족을 생각하는 기도를 하고 있다. 내 강의와 연구가 한 사람을 살리고 한 가정을 일으키게 해달라고 기도하고 있다. 테뉴어는 나만 잘 먹고 잘살라고 받은 것이 아니기 때문이다. 100세 시대, 인생의 절반가량을 돈 시점에서 건강한 성찰과 휴식을 통해 인생의 나머지 반을 준비해야 한다.

학생들의 강의평가

Passionate teacher who genuinely cared about his students. Out of all my schooling, I have never had a professor care so much about what he teaches and compel students to genuinely stay involved and care about the class. I truly learned so much and am so glad I had an opportunity to learn from Dr. Ahn. Thank you so much for everything. You have a rare gift to teach and inspire.

안 교수님은 학생들을 진정으로 생각하는 열정적인 분입니다. 학교를 여러 해 다녔지만 안 교수님처럼 학생들이 수업에 집중하도록 진심으로 노력한 교수님을 본 적이 없습니다. 저는 정말 많이 배웠고 안 교수님에게서 배울 기회가 있어서 너무 좋았습니다. 정말 모든 것에 감사합니다. 안 교수님은 학생들을 가르치고 영감을 주는데 보기 드문 은사가 있습니다.

...

Dr. Ahn was very enthusiastic about the class topic and about teaching. It was a pleasure to come to class. He really cared and wanted us to learn. He was always very prepared and organized. He taught in layers, so the topics would stick in our heads. Very pleasant personality. Very helpful and attentive AND knowledgeable.

안 교수님은 자신이 가르치는 과목에 대해 열정이 대단했습니다. 저는 수업에 가는 게 즐거웠는데, 안 교수님이 우리가 제대로 배우기를 원했고 수업이 항상 체계적으로 잘 준비되어 있었기 때문입니다. 가르치는 내용이 체계적이어서 수업 내용이 오래도록 기억에 남았습니다. 매우 상냥한 품성을 지녔고 그는 언제나 학생들을 도우려고 했습니다. 항상 우리에게 주의를 기울이면서 무엇보다도 박식했습니다.

...

Great professor... most influential class that I've had thus far.
대단한 교수님이었어요. 제가 지금까지 들은 수업 중에서 가장 영향력이 있었던 수업이었고요.

...

So funny, extremely intelligent. Makes his students learn (thankful for this). Although the workload is heavy, Dr. Ahn's class is one of my favorite classes. I have learned a lot in this class.
진짜 재밌는 분입니다. 굉장히 똑똑하고요. 학생들이 잘 배우도록 노력해주셨는데 저는 이게 제일 감사한 부분이에요. 공부할 양은 많았지만 안 교수님의 수업은 제가 제일 좋아하는 과목 중의 하나였습니다. 저는 이 수업에서 정말 많이 배웠어요.

...

Dr. Ahn is incredibly knowledge[able] about the content. His desire for students to learn, understand, and apply the material is evident through his teaching style. He creates a very inviting, encouraging environment by opening each class with current events. He is a phenomenal professor!

안 교수님은 믿을 수 없을 만큼 가르치는 내용에 박식했어요. 그는 학생들이 배우고, 이해하고, 적용하는 데 온 힘을 다했는데, 가르치는 모습만 봐도 알 수 있었어요. 안 교수님은 최신 시사 문제로 모든 수업을 시작하면서 매력적이면서도 학생들을 격려하는 수업 환경을 마련해 주었어요. 그는 놀랄만한 교수님이었어요!

...

The instructor is very knowledgable of the content, he is very open to student concerns, makes class very interesting, guarantee learning will be achieved in this class.

안 교수님은 가르치는 내용에 대해서 매우 박식했어요. 그는 학생들의 고민을 매우 많이 열린 마음으로 들어 주셨고 모든 수업을 흥미롭게 진행하셨어요. 우리는 이 수업에서는 반드시 배울 수밖에 없었어요.

...

I strongly appreciate how he encourages students to participate in each lecture – it keeps me on my toes and prevents all of us from getting distracted. I have really enjoyed this class!

저는 안 교수님이 학생들이 매 수업에 적극적으로 참여하게 동기를 부여하는 게 정말 감사했어요. [제 이름이 불릴까 봐서] 항상 긴장하고 있어서 수업 시간에 한눈을 팔 수 없었어요. 저는 정말 이 수업을 즐겼습니다.

책을 마치며

나무는 저 혼자 자라지 않는다

...

  안식년을 맞아 한국을 방문했다. 친구 영훈을 만나서 요즘 시를 끄적거리고 있다고 했다. 내 시를 찬찬히 읽어보던 친구는 '이해하기 어렵다! 그러지 말고 너 자신에 대한 얘기를 써보는 게 어때?' 라고 했다.

  '나 자신에 대한 얘기? 그게 무엇일까?' 집에 돌아와 밤새 고민했다. 나만이 할 수 있는 이야기. 다른 사람에게도 도움이 될 만한 이야기. 내가 살아온 평탄하지 않은 이야기를 들려주면 어떨까. 교수가 되기 위해서 내가 걸어온 치열했던 삶을 나눈다면 같은 꿈을 품고 있는 한국의 젊은이들에게 도움이 되지 않을까. 미국 유학과 미국 대학교 교수라는 직업에 관심을 두고 있는 사람들에게 구체적인 로드맵을 보여주면 어떨까 하는 생각을 했다. 이 책을 통해서 정보와 흥미를 동시에 전해 주고 싶다는 욕심이 꿈틀거렸다.

  하지만 이 책을 쓰는 과정은 생각보다 쉽지 않았다. 미국으로 떠난 후 지난 15년 동안 매 순간 서바이벌게임을 하듯 살아왔기 때문에 어디서부터 이야기를 풀어가야 할지 막막했다. 그래서 처음부터 쓰자고 생각했다. 내가 유학의 꿈을 품게 된 순간부터, 유학 준비과정, 고단했던 유학 생활, 교수가 되기 위해 거쳐야 했던 과정들, 교수가 되고 나서 테뉴어를 받고 종신교수가 되는 과정을 쓰자고 마음먹었다.

책을 쓰면서 옛날 생각에 슬퍼하고 행복해하며 가슴이 뜨거워지는 경험을 했다. 글을 쓰기 시작할 때는 '나 혼자 모든 것을 다 했다'고 생각했는데 글을 쓰면서 '나는 많은 것을 받아 누렸을 뿐이다'라는 감사가 넘쳤다. 책을 마치면서 내 '삶이라는 나무'에 비로소 나이테를 하나 더 그려 넣은 느낌이다.

감사 인사를 드릴 분들이 많다. 항상 든든한 힘이 되어주는 가족들. 글쓰기의 스승들인 이혜선 시인과 박덕규 교수님. 책을 쓸 용기를 준 김범준 작가님. 원고를 검토해 준 친구 안영훈, 유완상 형, 김건엽 교수님, 김성훈 교수님, 하경미 선생님, 조보경 선생님, 강남이 선생님, 정영주 선생님. 이 책을 디자인하고 맛깔나게 편집해주신 김미화 실장님. 마지막으로 이 책의 가치를 발견하고 숨을 불어넣어 주신 도서출판 혜심의 이정순 대표님께 감사 인사를 전한다.

2018년 12월 수원 광교에서

당신도 미국 주립대 교수가 될 수 있다

저자_ 안상남

초판 인쇄_ 2018. 12. 17.
초판 발행_ 2018. 12. 20.

발행처_ 도서출판 혜심
발행인_ 이정순
디자인_ 다인디자인(Mihwa Kim)
편집_ 조보경, 하경미

등록번호_ 제2016-000052호

주소_ 서울특별시 관악구 신림동 5나길 40
전화_ 02)532-6540
팩스_ 02)871-4442
이메일_ ljs6356@hanmail.net

ISBN 979-11-959721-2-8 03190

- 이 책은 저작권법에 따라 보호받는 저작물이므로 무단전재와 무단복제를 금합니다.
- 이 책의 내용 일부 또는 전부를 이용하려면 반드시 저작권자와 도서출판 혜심의 서면 동의를 받아야 합니다.
- 잘못된 책은 구입처에서 교환해 드립니다.